Scaoil leis an gCaid

&

An Saol Eile

Scaoil leis an gCaid

&

An Saol Eile

Breandán Mac Gearailt

Cló Iar-Chonnachta
Indreabhán
Conamara

4

An Chéad Chló 1999
© Cló Iar-Chonnachta Teo. 1999

ISBN 1 902420 14 4

Grianghraif Chlúdaigh: INPHO

Dearadh Clúdaigh: Johan Hofsteenge

Dearadh: Foireann CIC

Faigheann Cló Iar-Chonnachta cabhair airgid ón g**Comhairle Ealaíon**

Clóchur: Cló Iar-Chonnachta, Indreabhán, Conamara
Teil: 091-593307 **Facs:** 091-593362 **r-phost:** cic@iol.ie
Priontáil: Clódóirí Lurgan, Indreabhán, Conamara
Teil: 091-593251/593157

Is do m'athair críonna, Pádraig (Padden) Mac Gearailt (nach maireann) a thiomnaím an saothar seo.

'Cuimhnímis ar Phadden agus ar a pháirtithe. Orthu siúd a cheangail punann agus a thóg stáca, a dhein coca in iothlainn agus a chnuasaigh práta. A ghráigh an maicréal buí óir agus an breac geal ó Abhainn na Feothanaí. Orthu siúd a dhein cosán le bandanna iarainn ar thóir na móna ar shliabh Phadden, ar an meitheal fear a bhain le sleáin, a chnochair agus a stualáil agus a tharraing abhaile í ar ráillí arda. Faoi mar a dúirt an file tráth:

Níl pian, níl peannaid, níl galar chomh trom cráite
Le héag na gcarad agus scaradh na gcompánach.'

Buíochas

Ba mhaith liom mo bhuíochas a chur in iúl do na daoine seo a leanas:

Mo thuismitheoirí, Pádraig agus Máire, agus mo dheartháir Ciarán as ucht a gcuid tacaíochta agus an muinín a bhí acu ionam i gcónaí.

Liam Ó Mathúna, Helen Ní Shé agus Cliodhna Ní Fhurloinge a thug cabhair agus comhairle dom agus mé i mbun athchóirithe.

Buíochas speisialta do Chóilín Ó Neachtain agus do Ghearóid Mac Donnacha a ghríosaigh chun pinn mé an chéad lá riamh agus a thug gach cúnamh dom agus mé i mbun léirithe.

Buíochas ar leith don Chumann Drámaíochta, Ollscoil na hÉireann, Gaillimh, go mór mór iadsan a bhí páirteach sna drámaí seo. Mar is iad a chuir ar bhóthar na drámaíochta mé.

Buíochas ag dul gan amhras do Chló Iar-Chonnachta as ucht na saothair a chur i gcló agus don Chomhlachas Náisiúnta Drámaíochta as ucht a gcabhrach.

Ar deireadh, caithfidh mé buíochas a ghabháil le cumann peile na Gaeltachta mar is é an cumann sin, agus na daoine a bhí agus atá ag saothrú ann, a spreag mé chun an dráma *Scaoil Leis an gCaid* a scríobh.

Breandán Mac Gearailt 1999

Clár

Scaoil leis an gCaid

Foireann

Cuireadh an dráma seo ar stáitse den chéad uair ag Féile Drámaíochta na gColáistí i gCorcaigh an 21ú Feabhra 1998. Ba iad seo a leanas an fhoireann:

TOMÁS	Breandán Mac Gearailt
MICHEÁL	Rónán Ó Domhnaill
JOHNNY	Darach Mac Con Iomaire
TADHG	Tomás Ó Síocháin
GEARÓID	Gearóid Mac Donnacha
SEÁINÍN	Pádraig Mac Sleimhne
BRÓNA	Bróna Ní Ualacháin
MÁTHAIR	Sinéad Ní Chonchúir
DAIDEO	Cóilín Ó Neachtain
RÉITEOIR	Daire Ó hUallacháin
DARACH	Cóilín Ó Neachtain
SEÁN	Seán Tadhg Ó Gairbheith
IMREOIRÍ	Cormac Ó Comhraí
	Daithí Mac an Bhaird
	Daire Ó hUallacháin
	Eoin Mac Diarmada
	Eoin Ó Conghaile

Pearsana

TOMÁS	*athair Thaidhg agus Bhróna, timpeall 50, traenálaí na foirne*
MICHEÁL	*roghnóir, timpeall 50*
JOHNNY	*roghnóir, timpeall 45*
TADHG	*mac Thomáis, imreoir caide, timpeall 27*
GEARÓID	*imreoir caide, timpeall 25, ag dul amach le Bróna*
SEÁINÍN	*imreoir caide, timpeall 19*
BRÓNA	*iníon Thomáis, timpeall 24, ag dul amach le Gearóid, deirfiúr Thaidhg*
MÁTHAIR	*máthair Ghearóid*
DAIDEO	*seanathair Ghearóid*
DARACH	*imreoir caide, timpeall 28*
SEÁN	*imreoir caide, timpeall 24, ag imirt leis an gcontae*
RÉITEOIR	
IMREOIRÍ EILE	

SUÍOMH	Corca Dhuibhne

Radharc a hAon

Tosaíonn an dráma gan aon rud ná aon duine ar an ardán.
Cloistear gártha lucht leanúna ag cluiche caide. Tar éis
tamaill tagann triúr isteach ó thaobh an ardáin. Is léir gur
traenálaithe agus roghnóirí foirne iad seo. Tá an chéad
duine acu, Tomás, tuairim is leathchéad bliain d'aois, cuma
an fheirmeora air; seanbhuataisí, caipín agus casóg. Tá an
ceann caillte ar fad aige agus an oiread sin de
dhrochmhianach ann nach féidir a dhéanamh amach cad atá
sé ag rá. Tá an dara duine Micheál níos ciúine agus gléasta
mar an gcéanna ach nach bhfuil aon bhuataisí air agus go
bhfuil hata ildaite air in áit an chaipín. Is léir gur le páiste
óg an hata. Ina dhiaidh siúd tá Johnny. Seanchóta duffle
air siúd agus an chuma ar an bhfear bocht go bhfuil sé
imithe le gealaigh. Fad is a bhíonn Tomás ag caint bíonn an
chuid eile ag bogadh ó thaobh amháin den ardán go dtí an
taobh eile amhail is dá mbeidís ag leanúint na caide.

TOMÁS Anois, a leaideanna! Chugam aniar sibh! Tá
siad ag magadh chugaibh. A Christ, a
Pheaits! Níl aon diabhal dealramh leis an
gcaid sin. An bhfuil aon duine ar uimhir a
cúig? A Jamsie, cad atá tú ag déanamh ansin
amuigh? In ainm Dé, téigh isteach ar uimhir
a cúig! Right anois, a Bhillí, scaoil léi isteach.
Scaoil léi! Scaoil léi! ÁÁÁ, Jesus Christ, a
Bhillí! Scaoil leis an mbloody caid! Féach cad

atá déanta anois agat. Ardfhear, a Dhónaill!
An-ghreamú! Anois, a Dhónaill, tabhair faoi
phointe! Tabhair faoi phointe!

(*Faoin tráth seo tá an triúr acu i lár an ardáin
agus claonann siad a gcinn amhail is dá mbeadh
Dónall tar éis tabhairt faoi phointe.*)

TOMÁS/JOHNNY/MICHEÁL: Ardfhear, níor chaillis riamh
é! Mo ghrá go deo thú! Mo cheol tú! Nár
laga Dia tú! (*Is léir gur aimsíodh an pointe.*)

TOMÁS: Seachain an cic amach! Marcáil! Marcáil! A
Shéamais, cá bhfuil d'fhear? (*Ag béicíl*) In
ainm Íosa Críost, a Shéamais, marcáil é!
(*Claonann an triúr acu a gcinn amhail is dá
mbeadh cic amach á thógáil. Cloistear feadóg an
réiteora.*)

TOMÁS: Ardfhear, a réiteoir! Tá sé sin ag piocadh ar
Shéamaisín seo againne le tamall.

MICHEÁL: Tá an réiteoir sin go diail, nach bhfuil?

JOHNNY: An réiteoir is fearr sa chontae.

TOMÁS: A Ghearóid! Tóg é sin!
(*Ní chloiseann Gearóid é, mar sin béiceann*
TOMÁS.)
A Ghearóid, tóg é sin! (*Ag caint leis an mbeirt
eile*) Ba cheart go bhfaigheadh Gearóid é seo.

MICHEÁL: Tá sé go diail chucu, all right, mhuise, dar
m'anam.

JOHNNY: An free-taker is fearr sa chontae.

TOMÁS: Anois, a Ghearóid, dein cinnte de seo.
(*Claonann an triúr acu a gcinn amhail is dá
mbeadh duine tar éis an cic saor a thógáil.*)

TOMÁS/JOHNNY/MICHEÁL: ÁÁÁ, a Chríost!   Go sábhála
Dia sinn!

(*Is léir go ndeachaigh an cic ar seachrán.*)

TOMÁS: Cad ina thaobh gur chuir mé an liúdramán
sin á thógáil? Ní fiú mo chac é chucu.

MICHEÁL: Tá sé go hainnis, all right, mhuise, dar
m'anam.

JOHNNY: An free-taker is measa sa chontae.

TOMÁS: Tá sé ceart go leor.   Bhí mí-ádh leis.
Gheobhaidh sé an chéad cheann eile. Anois,
a leaideanna, seachain an cic amach arís.
Marcáil! A Mhuirisín! Cá bhfuil d'fhear?

(*Claonann an triúr acu a gcinn amhail is dá
mbeadh an cic amach tógtha. Cloistear feadóg an
réiteora arís.*)

TOMÁS: Mhuise, mallacht Dé ortsa, ach go háirithe,
mar réiteoir! Tá tú chomh caoch leis an
diabhal, níor dhein tú faic ó chianaibh nuair
a dheineadar sin an rud céanna. (*Ag béicíl*)
Téigh abhaile, a bhithiúnaigh!

JOHNNY: Tóg bog é, a Thomáis, tóg bog é.

TOMÁS: Ní thógfaidh mé bog é ná níl aon
chuimhneamh agam air! Tá an bastard ref
sin ag déanamh éagóra orainn. Bailigh leat
abhaile, a bhuachaill!

JOHNNY: In ainm Dé, a Thomáis, ciúnaigh! Á, féach
cad atá déanta anois agat! Tá sé chugat.

RÉITEOIR: Hey, you come here!

(*Féachann* TOMÁS *air agus ansin féachann sé siar
amhail is nach bhfuil a fhios aige cé leis a bhfuil
an réiteoir ag caint.*)

TOMÁS (*ag breith ar Johnny*): Téigh sall chuige ansin.

RÉITEOIR: Not you! You! (*Ag síneadh méire i dtreo Thomáis*)

(*Tagann* JOHNNY *ar ais.*)

JOHNNY: Tusa atá uaidh, a Thomáis.

(*Téann* TOMÁS *anonn chuig an réiteoir agus é ag caint faoina anáil.*)

RÉITEOIR: If I hear one more word out of you, I will put you out of the grounds. I did not come here to be abused — so shut up!

JOHNNY: Sorry about that, ref. We'll try to keep it down.

TOMÁS (*ag siúl ar ais agus ag caint faoina anáil*): Cuir do mhéir i do thóin.

TOMÁS (*ag féachaint i dtreo an ghoirt arís*): Á, Jesus Christ, a Mhicí, cén saghas caide ab ea é sin? (*Ag caint le Johnny agus le Micheál*) A leaideanna, tar i leith.

(*Ritheann siad i leith.*)

A leaideanna, caithfimid an gamal sin, Micí, a thógáil amach sula ndéanfaidh sé díobháil éigin.

(JOHNNY *agus* MICHEÁL *ag aontú leis*)

JOHNNY: Cé a chuirfimid isteach?

MICHEÁL: D'fhéadfadh sibh mo mhac Colm a chur isteach. (*Ag iarraidh neamhní a dhéanamh den ráiteas*)

TOMÁS (*ag féachaint air le hiontas agus le tarcaisne*): É sin! B'fhearr liom gan aon duine a chur isteach agus imirt le ceithre dhuine dhéag ná é sin a chur isteach.

JOHNNY: D'fhéadfadh sibh Muirisín na gKennedys a chur isteach.

TOMÁS (*an fhéachaint chéanna aige*): Dhera, nach bhfuil seisear nó seachtar de na Kennedys céanna istigh agus gan faic á déanamh acu! Níl aon ghnó isteach ag duine eile acu! Féach, cuirimis Seáinín Connor isteach. Ní fhéadfadh sé pointe a thógáil dá mbeadh sé i mbéal an bháire féin ach déanfaidh sé suaitheadh éigin. (*Ag béicíl i dtreo thaobh an ardáin*) A Sheáinín, tar i leith. (*Leis an mbeirt eile*) Cé aige atá an leabhar? Agatsa, nach ea? (*Ag féachaint ar Johnny*)

JOHNNY: Ní agamsa atá sé in aon chor.

MICHEÁL: Bhuel, níl sé agamsa, ach go háirithe.

TOMÁS: A leaideanna, caithfidh go bhfuil sé ag duine éigin agaibh. Dúirt mé libh gan dearmad a dhéanamh air.

(JOHNNY *agus* MICHEÁL *ag cuardach a bpócaí*) Óóó, tá sé agam féin. (*Tugann sé do Mhicheál é.*) Tosaigh ag scríobh! (*Ag béicíl i dtreo thaobh an ardáin*) A Sheáinín, tar i leith! (*Siúlann sé i dtreo thaobh an ardáin.*) Brostaigh ort in ainm Dé nó beidh an cluiche críochnaithe!

(*Ritheann leaid óg amach chuig Tomás agus é gléasta chun imeartha; bríste gearr, geansaí caide, bróga caide air. Bíonn sé ag léim síos suas agus á théamh féin.*)

TOMÁS: Nuair a rachaidh tú isteach anois, a bhuachaill, buail go crua crua CRUA! Agus (*I gcogar*) nuair nach mbeidh an ref ag féachaint seas ar a lúidíní, cuir do dhá mhéar isteach ina dhá shúil agus (*Ag féachaint timpeall air féin*) buail isteach sna málaí é. (*Ag iompú i dtreo na beirte eile*) An bhfuil sé sin scríofa fós agaibh?

MICHEÁL: Nach mór. Cén tslí a litríonn tú Conchubhair, a Johnny?

JOHNNY: C-O-N-N. No! No! Ní hea. C-O-N-C-H. No . . . No! Ní hé sin ach oiread é. Fan inti dhá shoicind. (*Téann sé anonn chuig Tomás atá fós ag caint i gcogar le Seáinín.*) Sorry. (*Imní air*)

TOMÁS (*goimh air*): Cad é?

JOHNNY: Conas a litríonn tú Conchubhair?

TOMÁS: Féach, cuir síos 'Connor'.
(*Téann* JOHNNY *ar ais go dtí Micheál.*)

JOHNNY: Féach, cuir síos 'Connor'.

MICHEÁL: Conas a litríonn tú 'Connor'?
(*Casann* JOHNNY *thart agus téann sé ar ais go dtí Tomás agus é fós ag cur comhairle ar Sheáinín.*)

JOHNNY: Sorry arís, a Thomáis. (*An-imní air. Tá a fhios aige go bhfuil Tomás ag éirí mífhoighneach agus cancrach.*) Conas a litríonn tú 'Connor'?

TOMÁS: Féach, in ainm Dé is na Maighdine Muire, cuir síos Seáinín agus bí déanta leis.

JOHNNY: (*ag imeacht ar ais go dtí Micheál*) Féach, in ainm Dé is na Maighdine Muire, cuir síos Seáinín agus bí déanta leis.
(*Scríobhann* MICHEÁL *rud éigin síos agus tugann sé do Thomás é agus tugann* TOMÁS *do Sheáinín é.*)

TOMÁS: Ref! Ref!

(*Ritheann* SEÁINÍN *i dtreo an lucht féachana ag béicíl an ruda chéanna amhail is dá mbeadh sé ag rith isteach ar an ngort.*)

Anois, a leaideanna, (*Ag caint i dtreo an ghoirt*) in ainm Dé deinigí iarracht éigin! (*Leis an mbeirt eile*) Cad atá fágtha inti?

(*Féachann an triúr acu ar a n-uaireadóirí in éineacht.*)

MICHEÁL: Dhá nóiméad.

JOHNNY: Cúig nóiméad.

TOMÁS: Christ, cad ina thaobh gur chuir mé an cheist in aon chor?

JOHNNY: Tomás.

TOMÁS   (*conach air*): Cad é?

JOHNNY: Tá Seáinín gortaithe.

TOMÁS: Dhera, d'anam 'on diabhal, nach anois díreach a chuireamar isteach é! (*Ag béicíl i dtreo an ghoirt*) Ref! Ref! Tá leaid gortaithe. A Sheáinín, tar i leith anseo!

(*Tagann* SEÁINÍN *i leith go mall agus é anbhacach.*)

A Johnny, téigh agus faigh bosca an first aid. (*Imíonn* JOHNNY.)

MICHEÁL (*é ag cuimilt chos Sheáinín ar feadh cúpla nóiméad*): Conas atá aige sin?

(*Leanann Tomás air ag féachaint ar an gcluiche.*)

SEÁINÍN: Go diail ar fad.

MICHEÁL: Ááá, ambaist. Níl aon ghá le bosca first aid nuair atá Micheál agaibh.

SEÁINÍN: Tá an ceann sin go diail ach is é an ceann eile atá gortaithe.

TOMÁS: Dhera, in ainm Dé, fág an áit uaidh! (*Ag brú Mhichíl as an tslí*) Is mó dochar ná maitheas atá tú ag déanamh. (*Ag béicíl*) A Johnny, cá bhfuil tú imithe?

(*Tagann* JOHNNY *ó thaobh an ardáin le mála leasú talún in áit an bhosca gharchabhrach. Féachann* TOMÁS *air le hiontas.*)

TOMÁS (*ag béicíl*): Jesus Christ, a Johnny, cad é sin? An focain bosca first aid a dúirt mé leat a thabhairt chugam.

JOHNNY (*náire air*): Tá's agam ach you see, an rud a tharla, chaill mé an bosca an lá eile agus is é seo an t-aon rud a d'fhéadfainn a fháil ar maidin chun na giuirléidí a chur isteach ann.

TOMÁS: Go dtuga Dia grásta na foighne dom. Faigh an t-uisce ansin, a bhuachaill, sula mbeidh an cluiche críochnaithe.

(*Faigheann* JOHNNY *an t-uisce agus tugann sé do Thomás é. Tugann* TOMÁS *do Sheáinín é. Ólann sé steall de. Caitheann sé amach é, agus é ag casachtach.*)

SEÁINÍN: Cén saghas diabhal ruda atá ansin istigh?

JOHNNY: Ó! Chuireas braon póitín san uisce. Cheapas go ndéanfadh sé maitheas dóibh. (*An-sásta leis féin*)

TOMÁS: (*an-ghoimh air*): Cad atá tú ag iarraidh a dhéanamh—iad a mharú, an ea? Tabhair dom an sprae agus caith amach an rud sin, maith an fear, sula gcuirfear an dlí orainn.

(*Fad a bhíonn siad ag caint bíonn* SEÁINÍN *ag cuimilt a choise agus an chuma air go bhfuil an-phian inti. Tógann* JOHNNY *an sprae as an mála go cáiréiseach, cuireann* TOMÁS *ar chos Sheáinín é, tagann athrú míorúilteach ar Sheáinín.*)

SEÁINÍN: Táim go diail ar fad anois. (*Ag rith an gort isteach agus ba dhóigh leat nach raibh gortú riamh air*)

TOMÁS: Chugam aniar sibh, a leaideanna, níl ach cúpla nóiméad fágtha. A Pheaitsí, má dhéanann sé é sin arís leat, gabh air le buille de dhorn isteach i ndroichead na sróna. An-ghreamú, a Shéamais! (*Ag gluaiseacht ó thaobh amháin den ardán go dtí an taobh eile agus sceitimíní ag teacht air, an bheirt eile á leanúint*) Anois scaoil léi isteach! Scaoil léi! An-chaid! An-chaid. Anois, a Mhicil, tá báire agat! Tá báire agat! Báire!

(*Tosaíonn* TOMÁS, MICHEÁL *agus* JOHNNY *ag ceiliúradh an bháire; iad ag bogadh mar a bheadh i ngluaiseacht mhoillithe agus ceol 'Gabriel's Oboe' ó The Mission á dtionlacan. Tar éis cúpla soicind stopann siad.*)

TOMÁS: Táimid ag buachan le pointe anois orthu, nach bhfuilimid?

MICHEÁL: Cheapas go raibh dhá cheann againn orthu.

JOHNNY: Dhein mé féin amach go raibh trí cinn againn orthu.

TOMÁS: Dhera, cad ina thaobh gur chuir mé an cheist in aon chor?

(*Tosaíonn* TOMÁS, MICHEÁL *agus* JOHNNY *ag béicíl. Tá siad ar fad ag béicíl in ard a gcinn is a ngutha, an oiread gleo acu agus nach féidir a dhéanamh amach cad atá siad a rá. Tar éis cúpla nóiméad cloistear an fheadóg agus téann an triúr acu as a meabhair ar fad. Is léir go bhfuil an cluiche thart agus go bhfuil sé buaite acu. Imíonn an triúr den ardán. Nuair a bhíonn gach rud ciúin tagann seanfhear timpeall 70 bliain d'aois amach ó thaobh an ardáin; seanchaipín agus péire buataisí air, maide aige. É ag siúl go mall. Ón taobh eile den ardán tagann* GEARÓID, *leaid óg, amach. Tá mála ar a dhroim aige agus a chuid gruaige fliuch. Is léir gur duine de na himreoirí é. Tagann sé suas leis an seanleaid.*)

GEARÓID: Cad déarfá leis sin, a Dhaideo?

DAIDEO (*goimh air*): Dhera, fág an áit uaim! Níor chuir sibh faic i gcuimhne dom ach cúig cinn déag de shicíní agus gan cloigeann ar aon duine agaibh.

GEARÓID: Is dócha ná rabhamar iontach all right, mhuise.

DAIDEO: Iontach! Dhera, mallacht mo chait oraibh! Níorbh fhiú mo chac sibh! Agus tusa agus tú ag imirt don chontae agus tú níos measa ná duine ar bith acu. An bhfuil a fhios agatsa conas scaoileadh leis an gcaid?

GEARÓID (*é seo cloiste go minic cheana aige*): Tá's agam conas scaoileadh leis an gcaid.

DAIDEO: Bhuel, is mór an obair nach ndéanann tú é, mar sin, seachas a bheith ag iarraidh é ar fad a dhéanamh tú féin. Faoi mar a dúirt fear liom an lá eile (*Seanbhlas ina ghlór*) níor mhór d'fhoireann dhá liathróid a bheith acu nuair a bhíonn tusa ag imirt, ceann duit féin agus ceann don chuid eile den fhoireann.

GEARÓID: Á, lig dom féin.

DAIDEO: Táim á rá riamh, aon duine a théann ag imirt don chontae níl maith ar bith ann dá chlub ina dhiaidh sin. Agus rud eile, dá olcas sibhse, bhí Laurel agus Hardy ar an taobhlíne i bhfad níos measa.

GEARÓID: Nach rabhadar sin mar sin riamh.

DAIDEO: Beirt liúdramán. Cén mhaith d'aon duine iadsan? Táimse ag rá leatsa go gcaithfidh siadsan agus go gcaithfidh sibhse bhur stocaí a tharraingt in airde i gcomhair an chluiche ceannais Dé Domhnaigh seo chugainn.

GEARÓID: Seachtain ón Domhnach a bheidh sé ann.

DAIDEO (*Conach air*): Dhera, pé lá a bheidh sé ann.

GEARÓID: An bhfuil a fhios agatsa, a Dhaideo, (*Ag caint go smaointeach, brionglóideach*) gur lá mór a bheidh ann dúinn?

(DAIDEO *ag éisteacht ach gan ach leathchluas aige leis an gcaint*)

Club beag mar sinne sa Chounty Final. Is mó imreoir maith a d'imir don chlub seo síos tríd na blianta nach bhfuair deis riamh imirt sa Chounty Final. Is dócha go bhfuil thart ar dheich gcinn de chounty players curtha sa reilig sin thuas i mbarr an pharóiste agus . . . (*Ní fhaigheann sé seans críochnú mar buaileann Daideo sa tóin é leis an maide.*)

DAIDEO: Dhera, éist uaim, an tslí a bhfuil an fhoireann seo ag imirt faoi láthair caithfidh siad imeacht suas go barr an pharóiste agus cúpla duine acu a tharraingt aníos.

GEARÓID: Féach, an bhfuil tú ag imeacht abhaile nó an bhfuil tú chun fanacht anseo ag caitheamh tharat? (*Ansin féachann sé roimhe amach amhail is dá mbeadh duine éigin ag gabháil thar bráid.*) Heileo, a Pháidí.

DAIDEO: Heileo, a Phádraig, a bhuachaill. (*I gcogar*) Sin leaid ar cheart dó a bheith ag imirt Dé Domhnaigh seo chugainn.

GEARÓID (*ag gáire*): Nach bhfuil sé siúd gar do na trí scór?

DAIDEO (*an ghoimh air*): Má tá féin, is fearr é ná aon duine agaibhse. (*Tagann* BRÓNA *amach agus siúlann anonn chucu.*) Féach, tá sí féin ag teacht . . . (*Le Bróna*) Conas atá tú, a chroí?

BRÓNA: Go maith, ach táim leata leis an bhfuacht ó bheith seasta timpeall.

DAIDEO: Tá an uain crua go maith ambaiste . . . Féach, cad go díreach a bhí ar do dheartháir Tadhg inniu nach raibh sé ag imirt?

BRÓNA: Tá sé gortaithe, is dóigh liom.

DAIDEO   (*míshásta*): Á mhuise, is minic sin ag imreoirí an lae inniu. Cad tá air?

BRÓNA: Nílim cinnte, is dóigh liom gurb é an hamstring atá ag cur as dó, tá sé chun dul chuig physio faoi amárach a dúirt Mam.

DAIDEO: Áá, physio mo thóin!

GEARÓID: A Dhaideo!

DAIDEO: Is fada ó physio a tógadh aon duine le mo linnse. Is cuimhin liomsa nuair a bhínnse ag imirt. Ní bhíodh hamstrings ná ligaments ná faic mar sin ag cur as dúinn ach imirt linn pé rud a bhí orainn. Anois ní chloiseann tú faic ach physiology, psychology agus reflexology — agus cacology is ea an-chuid de, is dóigh liomsa.

BRÓNA: Níl aon oidhre ort ach Daid.

DAIDEO: Bhuel, déarfaidh mé rud amháin leat: gan d'athair, Tomás, ní bheimis in aon Chounty Final. Is mairg an té a bheadh ag brath ar an Laurel agus Hardy eile sin.

BRÓNA: Cé hiad? (*Iontas uirthi*)

GEARÓID: Ná bac leis, féach, táimse ag imeacht abhaile. An bhfuil tú ag teacht nó an bhfuil tú ag fanacht ansin?

DAIDEO: Níl aon chuimhneamh agam imeacht abhaile. Caithfidh mé pionta a bheith agam tar éis an chluiche sin. Chífidh mé níos déanaí tú. (*Imíonn sé den ardán ar thaobh amháin agus imíonn an bheirt eile an treo eile.*)

MÚCHTAR NA SOILSE

Radharc a Dó

Lastar na soilse. GEARÓID *ina sheasamh leis féin ar an ardán ag cur a chasóige air. Tagann a* MHÁTHAIR *amach.*

MÁTHAIR: Cá bhfuil tú ag dul?

GEARÓID: Táim chun imeacht síos go dtí páirc na caide. Tá traenáil ar siúl agus teastaíonn uaim m'aghaidh a thaispeáint, agus táim chun buaileadh le Bróna ina dhiaidh sin.

MÁTHAIR (*conach ag teacht uirthi*): Tá scrúduithe móra agatsa tar éis na Cásca agus níl faic déanta agat ó tháinig tú abhaile do na laethanta saoire ach imeacht timpeall ag imirt caide.

GEARÓID: Dhera, beidh na scrúduithe sin ceart go leor. (*Ag lorg a chaipín, níl sé ag éisteacht léi.*)

MÁTHAIR: Sin é a dúirt tú nuair a bhí tú ag déanamh na hArdteiste agus féach cad a d'imigh ort an uair sin—bhí ort í a dhéanamh in athuair.

GEARÓID (*goimh ag teacht air toisc go bhfuil sí ag piocadh air agus nach féidir leis a chaipín a fháil*): Áá! Lig dom féin, dúirt mé leat go mbeidh siad ceart go leor, agus beidh!

MÁTHAIR: Bhuel, b'fhearr dóibh a bheith ceart go leor mar níl aon chuimhneamh agam féin is ag d'athair íoc asat chun bliain eile a chaitheamh sa choláiste má theipeann ort arís. Tá tú ann fada do dhóthain.

GEARÓID: Há! Há! (*An caipín faighte aige*) Yeah, yeah. Féach, beidh na scrúduithe ceart go leor agus ina dhiaidh sin beidh mé cáilithe mar mhúinteoir agus beidh mo chuid airgid féin agam, right. Anois b'fhearr dom imeacht, táim déanach.

MÁTHAIR: Bhuel, má tá aon chuimhneamh agatsa pósadh caithfidh tú bheith neamhspleách orainne . . . agus rud eile: an bhfuair tú aon chúiteamh airgid uathu fós maidir leis an uair ar bhris tú do chos.

GEARÓID (*dearmad glan déanta aige air*): Ó! Caithfidh siad na foirmeacha a líonadh amach ar dtús.

MÁTHAIR: Agus sin é an t-aon rud a gheobhaidh tú ón GAA go deo—foirmeacha.

GEARÓID: Right! Right! Rachaidh mé ag caint le Tomás anocht mar gheall air.

MÁTHAIR (*searbhasach*): Ó, bhuel, tá tú ag dul chuig an bhfear ceart. An t-aon fhoirm riamh a líon sé sin amach ná foirm an dóil. Muna dtugann tú aire duit féin is í an chinniúint chéanna a bheidh romhatsa—cúpla acra talún agat, dhá bhó, trí chaora, muc, agus tú ag obair don Chounty Council ag líonadh potholes.

GEARÓID: Jesus, a Mham, nílim 17, táim 25. Nach dóigh leat gur cheart saoirse éigin a bheith á tabhairt dom?

MÁTHAIR: Beidh sé sin agat nuair a bheidh an teach seo fágtha agat agus tú beag beann orainne maidir le hairgead.

GEARÓID: Christ! Cén mhaith dom a bheith ag caint? Caithfidh mé imeacht nó maróidh Tomás mé. Chífidh mé tú. (*Imíonn sé.*)

Radharc a Trí

Níl aon duine ar an ardán, cloistear ceol tapa 'Bag of Cats'
le Sharon Shannon. Tar éis cúpla soicind ritheann 13/14
leaid amach ó thaobh an ardáin; iad gléasta in éadaí
traenála, brístí gearra, bróga caide srl. Is léir go rabhadar
tamall ag traenáil mar tá allas tríothu amach agus cuma
thraochta orthu.
Tagann JOHNNY *agus* MICHEÁL *isteach ina ndiaidh.*
Ritheann siad timpeall ar an áit a bhfuil an lucht féachana
suite amhail is dá mbeadh siad ag rith timpeall an ghoirt.
Tagann TOMÁS *isteach agus é ag béicíl orthu.*

TOMÁS: Deinigí deabhadh. Níl aon oidhre oraibh ach
paca seanbhan, an tslí a bhfuil sibh ag rith.
(*Tar éis cúpla nóiméad de seo stopann siad ag*
barr an halla. Fad is a bhíonn sé ag caint téann
beirt ar leataobh amhail is dá mbeadh siad ag
déanamh a mún.)
Anois, a leaideanna, tá seisiún maith curtha
isteach againn, tá an trá rite againn, cúpla
sprint déanta chomh maith le cúpla round
istigh sa ghort. Tá's agaibh ar fad gurb é seo
an traenáil dheireanach. Dá bhrí sin ní
dhéanfaimid puinn. Anois, a leaideanna, téigí
síos agus deinigí deich gcinn de phress-ups.
(*Téann siad síos agus is léir ón gcnead atá iontu*
go bhfuil straidhn agus strus orthu.)

Dhera, caith uaim an chneadaíl agus brostaígí oraibh! (*Chíonn sé an bheirt ag déanamh a mún.*) Áá, in ainm Dé, a leaideanna, tar i leith ón áit sin, ní haon am uisce anois é. (*Tagann siad i leith go doicheallach.*)

Deich gcinn de sit-ups, a leaideanna.

Anois, a leaideanna, deinigí cúpla stretch ansin. (*Tosaíonn* NA LEAIDEANNA *á síneadh féin agus é soiléir go bhfuil strus orthu arís. Téann* TOMÁS *sall go dtí duine de na leaideanna agus tosaíonn sé ag caint i gcogar leis.*)

Jesus, a Thaidhg, déan seáp éigin, tá's agat go bhfuilimid ag piocadh na foirne i gcomhair an Domhnaigh anocht.

TADHG   (*go mífhoighneach*): Á, lig dom féin!

TOMÁS: Má leanann tú ort beidh tú ar an taobhlíne go cinnte Dé Domhnaigh.

TADHG: Is cuma liomsa sa diabhal cá mbeidh mé. (*Tosaíonn* TOMÁS *ag caint leis an gcuid eile arís gan é róshásta leis an bhfreagra a fuair sé.*)

TOMÁS: Right, a leaideanna, brostaígí oraibh, déanaigí i gceart iad. Mura mbraitheann tú an tarraingt níl tú á dhéanamh i gceart. (*Féachann sé timpeall agus cuma air go bhfuil sé trína chéile.*) Cá bhfuil Darach imithe?

IMREOIR 1: N'fheadar, ach bhí sé thíos ar an trá taobh thiar dúinn ach go háirithe.

TOMÁS: Tá's agam é sin, a amadáin, ach cá bhfuil sé anois?

IMREOIR 2: Féach, tá sé ag teacht.

(*Féachann gach duine i dtreo bhun an halla.
Cloistear ceol 'Chariots of Fire'. Tagann Darach
isteach agus é ag rith mar a bheadh duine i
ngluaiseacht mhoillithe ann. Tá an t-imreoir seo
mór ramhar, bríste gearr air atá róbheag dó,
geansaí atá i bhfad róbheag dó, caipín tarraingthe
anuas ar a chluasa. Aghaidh mhór dhearg air
agus saothar air. Ritheann sé ina dtreo. Nuair a
thagann sé chomh fada leo, stadann sé agus
stadann an ceol.*)

TOMÁS: Tá an pórtar ag teacht amach tríot anois, a
bhuachaill. Tá aithreachas ort anois go raibh
an dá phionta dheireanacha sin agat i dTigh
Murphy istoíche aréir.

(*Féachann* DARACH *air. Ritheann sé uathu agus
cuireann sé amach sa chúinne. Bíonn na
leaideanna ar fad ag gáire faoi.*)

IMREOIR 1:Sin iad do dhá phionta os do chomhair
amach arís, a Dharach.

(*Gáire. Tagann* DARACH *ar ais agus tosaíonn na
leaideanna ag piocadh air.*)

TOMÁS: Right, a leaideanna, tar isteach anseo dhá
shoicind, teastaíonn uaim labhairt libh.

(*Bailíonn* NA LEAIDEANNA *thart.*)

Anois, a leaideanna, an chéad rud: beidh an
final ann an Domhnach seo chugainn ar a
leathuair tar éis a dó sa bhaile mór. Beidh
bus ag fágáil Tigh Murphy ar a haon agus
teastaíonn uaim go mbeadh gach duine ann
ag ceathrú chun.

IMREOIR 1: Cén áit — Tigh Murphy nó sa bhaile mór?

TOMÁS: Á, Christ! Tigh Murphy!

IMREOIR 2: Nach bhfuil sé saghas déanach bheith ag fágáil ar a haon má tá an cluiche ann ar leathuair tar éis a haon.

TOMÁS: Áá, d'anam 'on diabhal, nach bhfuilim tar éis a rá gur ag leathuair tar éis a dó a bheidh an cluiche ann.

IMREOIR 3: Má tá an bus ag fágáil ar a haon cad ina thaobh go gcaithfimid a bheith ann ar a ceathrú chun?

TOMÁS   (*spréachta*): Féachaigí ar fad, bígí os comhair Tigh Murphy ag ceathrú chun a haon agus sin sin.   Anois cúpla focal mar gheall ar an gcluiche an lá eile. An chéad rud: má dúirt mé aon uair amháin é dúirt mé fiche míle babhta libh é an lá eile: scaoileadh leis an gcaid, agus ní raibh sibh á dhéanamh sin. Níl aon chuimhneamh agamsa a bheith i mo stail amadáin an chéad lá eile ag béicíl an ruda chéanna.

(*Fad a bhíonn sé ag caint, tagann* GEARÓID, SEÁN *agus* SEÁINÍN *isteach ón taobh. Ní fheiceann Tomás iad go mbíonn a shruth cainte curtha de aige.*)

TOMÁS   (*iontas agus goimh air*): Cén saghas diabhal ama é seo chun bheith ag teacht ag traenáil agus gan sibh gléasta ná faic?

GEARÓID (*mórtasach agus lán den mhór is fiú*): Bhí mé ag traenáil leis an gcontae aréir agus dúirt an traenálaí liom gan dul ag traenáil leis an

gclub ar eagla go ngortóinn mé féin roimh an
gcluiche mór an mhí seo chugainn.

TOMÁS: Dhera, cac asail, abair leis an traenálaí sin
imeacht in ainm an diabhail. Tá cluiche mór
againne an Domhnach seo chugainn agus
teastaíonn uaim go mbeidh gach duine ag
traenáil, tusa san áireamh. An dtuigeann tú é
sin?

GEARÓID: Tuigim.

TOMÁS (*ag casadh*): Agus cad mar gheall ortsa?

SEÁN (*an-mhórtasach*): Táimse ag imirt leis an
gcontae anois chomh maith agus dúradh an
rud céanna liom.

TOMÁS: Tusa, go bhfóire Dia ar an gcontae má tá do
leithéidse ag imirt leo. (*Ag iompú i dtreo
Sheáinín*) Ná habair liom go bhfuil tusa ag
imirt leo, mar má tá, tá sé chomh maith ag
Johnny agus Micheál imeacht isteach chucu.

SEÁINÍN: Nílim.

TOMÁS: Cad ina thaobh nach raibh tú ag traenáil,
mar sin?

SEÁINÍN: Táim gortaithe.

TOMÁS: Ó mhuise, is minic sin agat. Abair é seo liom:
ar tháinig aon lá riamh nach raibh tú
gortaithe?
(*Ciúnas ó Sheáinín mar nach bhfuil a fhios aige
cad ba cheart dó a rá*)
An mbeidh tú ceart go leor i gcomhair an
chluiche an Domhnach seo chugainn?

SEÁINÍN: N'fheadar.

TOMÁS: Ná bac n'fheadar; beidh tú nó ní bheidh tú.

SEÁINÍN: Beidh mé.

TOMÁS: An-mhaith. Anois faoi mar a bhí mé ag rá, caithfidh sibh feabhsú go mór maidir le scaoileadh leis an gcaid. Tá cúpla duine anseo (*Ag féachaint ar Ghearóid agus ar Sheán*) a cheapann gur féidir leo gach aon ní a dhéanamh iad féin, agus a cheapann go bhfuil siad chomh maith sin nach gá dóibh teacht ag traenáil ach go bhfaighidh siad fós a n-áiteanna ar an bhfoireann.

DARACH (*ag teacht roimhe*): Na County Boys.

(*Gach duine ag aontú*)

TOMÁS: Bhuel, táimse ag rá leosan go bhfuil dearmad mór orthu. (*Sos*) Rud eile, bhí cuid agaibh amuigh ar an bpáirc an lá eile agus níor chuir sibh faic i gcuimhne dom ach na cailíní a bhíonn ag imirt peile faoi 12.

(NA HIMREOIRÍ *ag gáire*)

Ní haon chúis gháire é, táim ag rá riamh má theastaíonn uait peil a imirt i gceart go gcaithfidh tú buaileadh crua crua crua. (*Sceitimíní agus cantal ag teacht air*) Sin uile, is dóigh liom. Ó, rud eile: tá's agaibh ar fad go bhfuil deireadh seachtaine mór sa bhaile mór an deireadh seachtaine seo.

(NA HIMREOIRÍ *ar fad ag gáire agus ag liúireach*)

TOMÁS: Bhuel, ní theastaíonn uaim go mbeidh aon duine ag ól. An dtuigeann sibh é sin?

IMREOIRÍ: Tuigimid.

TOMÁS: Má chím nó má chloisim go raibh aon duine ag ól, beidh an té sin ar an taobhlíne Dé Domhnaigh. An dtuigeann tú é sin, a Dharach?

(*Tosaíonn an chuid eile ag gáire.*)

Ní haon chúis mhagaidh é seo, a leaideanna, mar i ndeireadh an lae is fúibh féin atá sibh ag magadh. Anois níl faic eile le rá agamsa. An bhfuil faic le rá agaibhse? (*Ag casadh i dtreo Johnny agus Mhichíl*)

JOHNNY: Níl faic le rá agamsa, ach go háirithe.

MICHEÁL: Tá sé ar fad ráite ag Tomás, is dócha, ach gurb é seo an cluiche is tábhachtaí a d'imir an club seo le blianta.

(*Níl na himreoirí ag éisteacht leis.*)

Tá sé an-tábhachtach go gcuirfeadh sibh gach rud isteach ann. Sin uile i ndáiríre. Ó, rud amháin eile, tá's agaibh ar fad go bhfuilimid ar fad ag dul go dtí na Canaries ag deireadh na bliana.

(*Tosaíonn na himreoirí ag liúireach agus ag béicíl.*)

Chuige sin tá coiste an chlub ag reáchtáil crannchur mór.

(*Na himreoirí díomách agus ag gearán*)

Dá bhrí sin caithfidh gach imreoir 20 ticéad a dhíol ar dheich bpunt an ceann.

(*Tógann sé amach beart mór ticéad. Nuair a chíonn na himreoirí iad seo déanann siad iarracht éalú, gach sórt leithscéal acu—'caithfidh mé scrabha a thógáil'* srl.)

TOMÁS   (*ag béicíl*): Tar ar ais anseo, a phaca diabhal.
         (*Tagann siad ar ais go leisciúil.*)

IMREOIR: Dhera, in ainm Dé, a leaideanna, conas a
         dhíolfaimid 20 ticéad anseo timpeall? Tá's
         agaibhse muintir na háite seo, ní thabharfaidís
         deich bpingine ar cheann.

MICHEÁL: Díol pé méid agus is féidir agus tabhair an
         chuid eile ar ais dúinn.
         (NA HIMREOIRÍ *ag gearán*)

TOMÁS: Dhera, nach n-éisteodh sibh! Ba dhóigh le
         haon duine go raibh oraibh míle ceann a dhíol
         ar chéad punt an ceann. Ní bheidh sibh ag
         gearán mar sin in aon chor nuair a bheidh sibh
         amuigh sna Canaries agus bhur mbolg le gréin
         agaibh, agus sibh ag gliúcaíocht ar na mná.
         (*Tosaíonn* NA HIMREOIRÍ *ag gáire agus ag
         liúireach.*)
         Agus ós rud é go bhfuilimid ag caint ar mhná,
         tóg breá bog ar na mná é chomh maith leis an
         deoch an deireadh seachtaine seo.
         (*Gáire arís*)
         Ní haon chúis gháire é seo, a leaideanna. Is
         mó imreoir maith a chonaic mé le mo linn ar
         thit an tóin astu de dheasca na mban.
         Traochann siad amach tú.
         (*Gáire*)

IMREOIR: Ba cheart go mbeadh neart fuinnimh ag
         Darach, mar sin, mar ní raibh bean aige sin le
         bliain.
         (*Cantal ar Dharach, gach duine eile ag gáire*)

TOMÁS: Fúibh féin atá, a leaideanna, mar is fúibh féin
         atá sibh ag magadh i ndeireadh an lae. Anois
         an bhfuil aon cheist agaibh féin?

DARACH: Cén t-am a mbeidh an bus ag fágáil Dé
         Domhnaigh?

TOMÁS: Áá, Christ!

         (*Gach duine ag gearán agus iad ag fágáil an
         ardáin*)

Radharc a Ceathair

Siúlann BRÓNA *amach ó thaobh na láimhe deise den ardán, stopann sí i lár an ardáin. Is léir go bhfuil sí ag fanacht le duine éigin agus nach bhfuil sé/sí anseo fós. Tá cuma mhífhoighneach uirthi. Siúlann sí go dtí taobh na láimhe clé den ardán agus fanann sí ann. Tar éis cúpla soicind tagann* TADHG *agus* TOMÁS *isteach. Suíonn* TOMÁS *síos agus tosaíonn sé ag léamh an pháipéir.*

TOMÁS (*ag féachaint ar Thadhg cúpla soicind*): Níor dheinis aon ní cóir anocht.

TADHG (*go fuarchúiseach, gan féachaint ar Thomás*): Níl sé ag déanamh aon tinneas domsa.

TOMÁS (*goimh ag teacht air*): Tá's agatsa go bhfuil an cluiche ceannais againne Dé Domhnaigh seo chugainn agus an tslí a bhfuil tusa do d'iompar féin, ba dhóigh leat nach raibh cluiche in aon chor againn.

TADHG: Faoi mar a dúirt mé, níl sé ag déanamh aon tinneas dom.

TOMÁS: Bhuel, níl aon seans go mbeidh tú ar an bhfoireann i gcomhair an Domhnaigh anois tar éis na hoíche anocht.

TADHG (*go searbhasach*): Fiú má tá Daidí ina thraenálaí!

TOMÁS: Ní féidir liomsa faic a dhéanamh anois duit, a bhuachaill. Bheifeása in ann d'áit a fháil ar an bhfoireann sin gan aon dua dá gcuirfeá cruth éigin ort féin. Tá sé an-deacair domsa mar thraenálaí a bheith ag rá le daoine teacht ag traenáil agus iarracht a dhéanamh agus gan aon iarracht á déanamh ag mo mhac féin. Bíonn náire orm. Bíonn sin.

TADHG (*an-searbhasach*): Ó bhuel, caithfear rud éigin a dhéanamh, mar sin. Ní bheadh sé cóir ná ceart náire a bheith ortsa.

TOMÁS: Ní haon chúis mhagaidh é seo, a bhuachaill. I ndeireadh an lae is chugat féin atá tú ag magadh. Bheifeása ar fhoireann an chontae cúpla bliain ó shin dá mbeadh iarracht éigin déanta agat ach níor dhein; bhí tú ag ól agus ag imeacht i d'amadán. Tar éis ar thug mé duit de chabhair agus de chúnamh síos tríd na blianta.

TADHG (*goimh agus iontas air*): Cabhair agus cúnamh!

TOMÁS: Bhí mé mar thraenálaí nó mar roghnóir ar gach foireann a raibh tusa uirthi ó faoi 12 aníos. Is é seo mo bhuíochas—bheadh sé chomh maith agam bheith fanta ag baile.

TADHG (*an-fhearg air*): Ó bhí mise deich mbliana d'aois—deich mbliana d'aois—tá tú do mo tharraingt chuig cluichí agus traenáil ar fud an chontae. Ag gearán nuair a théinn amach le mo chairde nó, go bhfóire Dia orainn, le cailín éigin. Fiú nuair a bhínn ag imirt ní bhíteá sásta, ní fhéadfainn aon rud a dhéanamh i gceart. Daoine ag rá go raibh mé ar an bhfoireann toisc go raibh m'athair

ina roghnóir, agus tusa i do chúis mhagaidh
ag gach mac máthar acu agus tú ag déanamh
scrúdú iarbháis ar gach cluiche. Tugann tusa
cabhair agus cúnamh air sin. Ní dóigh liom
gur labhair tú liom faoi aon rud riamh i mo
shaol seachas caid caid caid! (*Sos*)

TOMÁS   (*ciúin, gortaithe*): An bhfuil tusa ag rá liomsa
go raibh agus go bhfuil an ghráin agatsa ar
chaid? Go raibh orm iachall agus brú a chur
ort í a imirt—mar má tá, ní chreidim tú.

TADHG   (*níos ciúine*): Ní hin atáim ag rá in aon chor,
ach i ndeireadh an lae níl ann domsa ach
spórt. Ní hamhlaidh duitse; saghas creidimh
is ea é duitse, agus tá tú ag iarraidh é a bhrú
anuas ormsa, mar nuair a bhí tú féin ag imirt
níor éirigh leat do bhrionglóidí a chur i
gcrích. Dá bhrí sin teastaíonn uait go
ndéanfainnse iad a chur i gcrích duit.

TOMÁS: Níl sé sin fíor! Níl sé sin fíor in aon chor.
Aon rud a dhein mé, dhein mé ar mhaithe
leatsa é mar athair.

TADHG: Athair! Ní athair a bhí agamsa in aon chor
ach traenálaí a raibh dearcadh cúng aige ar
an saol. Ní raibh sé in ann faic a fheiceáil
ach caid caid caid! B'fhéidir go bhfuil do
shaolsa chomh suarach agus chomh cúng sin
nach féidir leat faic a fheiceáil ach caid ach
níl mo shaolsa! (*Éiríonn sé agus imíonn sé.*)
(*Fanann Tomás cúpla soicind. Siúlann sé amach
go ciúin. Siúlann* BRÓNA *ó thaobh na láimhe clé*

den ardán go dtí lár an ardáin, í fós ag féachaint
ar a huaireadóir agus cuma an-mhífhoighneach
uirthi. Tagann GEARÓID isteach taobh thiar di
agus feiceann sé í. Tagann sé taobh thiar di i
ngan fhios. Cuireann sé a dhá láimh thar a súile.)

GEARÓID: Tá brón orm go bhfuilim beagáinín déanach,
ach mhair an traenáil níos faide ná mar a
cheapas.

BRÓNA (*ag cur a lámha óna súile*): Tugann tú
beagáinín déanach air seo! Bhíomar in ainm
is bualadh le chéile ag a naoi. Tá sé nach
mór a deich anois.

GEARÓID: Tá's agam, tá's agam, ach faoi mar a dúirt
mé, do rith an traenáil níos déanaí anocht
toisc gurbh í an traenáil dheireanach í roimh
an gcluiche mór Dé Domhnaigh.

BRÓNA: Is é an scéal céanna agus na leithscéalta
céanna i gcónaí é.

GEARÓID: Á, ná tosaigh air sin arís. Bhí mé beagáinín
déanach agus tá brón orm. Pé scéal é (*Ag
iarraidh a lámha a chur timpeall uirthi*) táim
anseo anois.

BRÓNA (*ag cur a lámh uaithi agus goimh cheart ag teacht
uirthi*): Ach ní hé seo an chéad uair ar tharla
sé agus tá's agam nach é an uair dheireanach
é ach oiread. Murar leis an gclub atá tú ag
imirt nó ag traenáil is leis an gcontae nó leis
an gcoláiste é. Bíonn rud éigin i gcónaí ann;
cluiche mór, traenáil thábhachtach nó
cruinniú práinneach. An bhfuil a fhios

agatsa nár chaitheamar aon Domhnach le chéile ó thosach an tsamhraidh de bharr cúrsaí caide? Fiú nuair a théann tú amach ní ólann tú agus téann tú abhaile go luath. Uaireanta ceapaim nach bhfuilim ag imeacht amach le haon duine.

GEARÓID (*trína chéile*): Bhí mé díreach chomh tógtha suas le cúrsaí caide nuair a thosaíomar ag imeacht amach ar dtús agus ní raibh aon fhadhb agat leis an uair sin. Agus in ainm Dé, nach bhfuil d'athair féin ag traenáil na foirne agus bhí sé ag imirt é féin ar feadh blianta fada. Ba cheart go mbeadh taithí agat air.

BRÓNA: Is é an rud a bhfuil taithí agamsa air ná mo mháthair bhocht ag iarraidh triúr clainne a thógáil agus bia a chur ar an mbord gan tásc ná tuairisc ar m'athair, ach é de shíor ag imeacht ag imirt caide ag fáil bonn anseo agus duaiseanna ansiúd. Bhí Mam sásta glacadh leis sin ach nílimse chun glacadh leis.

GEARÓID: Níl réasún ar bith ag baint le do chuid cainte anois.

BRÓNA: Cad ina thaobh, a Ghearóid? I gceann míosa beimid pósta agus ní theastaíonn uaimse go mbeifeása de shíor ag imeacht agus mise fágtha liom féin sa bhaile. Ní theastaíonn uaim macasamhail m'athar a phósadh.

GEARÓID: Jesus, a Bhróna! Cad a theastaíonn uait a dhéanfainn? Táimse ag imirt caide ó bhí mé cúig, sé bliana d'aois. Ní féidir liom í a chaitheamh ar leataobh. Pé scéal é, tá na leaideanna ag brath orm.

BRÓNA   (*múisiam uirthi*): Na leaideanna! Na leaideanna! Ní hiad na leaideanna a bheidh tú ag pósadh, a Ghearóid. Ní féidir liom a thuiscint conas is féidir le fir fhásta a bheith chomh tógtha suas le píosa leathair atá lán d'aer!

GEARÓID (*an ghoimh ag teacht air féin*): Tá i bhfad níos mó ná sin ag baint leis agus tuigeann tusa é sin go maith.

BRÓNA: No, ní thuigim. Ní thuigim an neameabhair seo a bhíonn ar dhaoine ar nós tusa agus ar nós m'athar, ach tá rud amháin cinnte: ní thuigeann tusa agus a lán eile nach tú go bhfuil i bhfad níos mó ag baint leis an saol seo seachas caid. Ach caithfidh tusa é a thuiscint mar ní dóigh liom gur féidir liom cur suas leis seo i bhfad eile. (*Tugann sí cúl leis agus imíonn sí.*)

GEARÓID: Á, a Bhróna, tar ar ais.

(*Imíonn sé ina diaidh.*)

Radharc a Cúig

Tadhg agus Seáinín suite ag bord. Gloine Cóc os comhair Sheáinín agus pionta os comhair Thaidhg. Iad ag caint. Tagann GEARÓID *isteach.*

GEARÓID: Conas tá agaibh, a leaideanna?

SEÁINÍN: Go maith.

TADHG: Cuíosach.

TADHG: Cad tá ortsa? Tá cuma an-suaite ort.

GEARÓID (*ag suí síos*): Bhíos féin agus Bróna i muineál a chéile níos luaithe.

SEÁINÍN: Cad ba chúis leis?

GEARÓID: An seanscéal céanna go deo—caid!

TADHG: Tá gach duine de mo mhuintir ag bruíon mar gheall ar chúrsaí caide anocht, dealraíonn sé. Bhíos féin agus m'athair i muineál a chéile níos luaithe.

GEARÓID: Bhuel, bheadh an ghoimh ceart air dá gcífeadh sé tú leis an bpionta sin os do chomhair.

TADHG: Dhera, bíodh sa diabhal aige! Táim traochta de ag rá liom cad a chaithfidh mé a dhéanamh agus cad nach bhfuil cead agam a dhéanamh. Níl cead ól, níl cead mná— 'caithfidh tú imeacht ag traenáil'.

SEÁINÍN: Pé rud mar gheall ar na rudaí eile, caithfidh mná a bheith agat.
(*Féachann* TADHG *agus* GEARÓID *go tarcaisneach air agus éisteann sé.*)

GEARÓID: Tá's agam gur féidir le d'athair a bheith dian, a Thaidhg, ach tá smut den cheart aige. Má theastaíonn uait aon seáp a dhéanamh i gcúrsaí caide caithfidh tú cur suas leis na míbhuntáistí sin ar fad. Agus i ndeireadh an lae, is dóigh liomsa go pearsanta gur fiú cur suas leo.

TADHG: An dóigh leat? An dóigh leatsa gur fiú cur suas leis an gcac ar fad: na gortuithe, na tarcaisní, an cur amú ama? Toisc go bhfuil tú ag imirt leis an gcontae agus le coláiste chomh maith le club, bíonn tusa imithe nach mór gach oíche den tseachtain. Ní bhíonn aon am saor agat. Ní haon ionadh go bhfuil Bróna bréan de. Caithfidh tú cuimhneamh nach bhfuil ann i ndeireadh an lae ach spórt. Agus an fiú rudaí ar nós do chaidrimh le Bróna a mhilleadh mar gheall air?

GEARÓID (*cantal air*): Níl aon oidhre anois ort ach Bróna.

TADHG: Á, nílim ag iarraidh a bheith ag caitheamh anuas ort. Ach díreach cosúil le Bróna, ní féidir liom a thuiscint conas is féidir a oiread a chur isteach i rud agus a laghad a fhaigheann tú ar ais tar éis d'iarrachtaí.

SEÁINÍN: Á, caithfear a rá go bhfuil an chaid go diail chun mná a fháil. Abair le cuid acu gur peileadóir tú agus beidh siad oiriúnach ar a chéile a mharú chun teacht ort.

(*Féachann* TADHG *agus* GEARÓID *air go tarcaisneach arís agus éisteann sé.*)

ᴏɪᴅ: Ní dóigh liom go bhfuil sé fíor a rá nach bhfaighimid faic ar ais ón gcaid. Agus rud eile: is dóigh liomsa gurb iad na daoine nach bhfuil aon chur amach acu ar chaid a deir é sin agus cuireann sé iontas orm go bhfuil tusa á rá. Gan aon ní ach na cairde a dhéanaimid. Nuair a chuaigh mise chun an choláiste ar dtús ní raibh aithne agam ar aon duine. Ach tar éis bliain a thabhairt sa chumann caide bhí aithne agam ar uallach daoine.

TADHG: D'fhéadfá na cairde céanna a dhéanamh ach gan dul thar fóir isteach sa chaid. Nach mbeadh sé i bhfad níos fearr do dhuine dul ag imirt sacair áit a mbeadh sé in ann pingin éigin a dhéanamh as.

GEARÓID: Tá tú ag caint seafóide ar fad anois. Nuair a bhíonn tú ag imirt caide ní bhíonn tú ag imirt ar son an airgid ar nós imreoirí sacair agus a lán eile nach iad. Cloiseann tú na himreoirí sin ag maíomh as an oiread geana agus grá atá acu ar chlub agus seachtain ina dhiaidh sin bíonn siad ag imirt do chlub difriúil toisc gur tairgeadh níos mó airgid dóibh. Mar sin, níl imreoirí caide cosúil le haon imreoirí spóirt eile agus aon duine a dhéanann comparáid idir iad agus imreoirí sacair agus a leithéid tá siad ag tabhairt masla dóibh. Déanann siad gach rud chun glóir agus onóir a tharraingt ar a gclubanna agus a gcontaetha.

TADHG: Agus chucu féin. Tá an-chuid daoine ansin

amuigh agus imríonn siad caid ionas go
mbeidh ainm in airde orthu agus a bpictiúr
sa pháipéar. Go mbeidh siad ina bhfir
mhóra. Do chuid acu is fearr é sin ná aon
íocaíocht agus tá's agatsa go maith é sin agus
ná bí ag caint san aer.

GEARÓID: Tá an ceart agat, a Thaidhg, tá daoine mar
sin ann, ach tá an-chuid daoine ann nach
bhfuil mar sin. Is cuid dár ndúchas agus dár
n-oidhreacht í an chaid. Imrímid í chun ár
bhféiniúlacht agus ár gcine a chur in iúl. Rud
an-dáiríre is ea é dúinn. B'fhéidir nach
n-airíonn tusa an rud céanna ach tá gach
duine difriúil. Caithfimid glacadh leis go
bhfuil dearcadh difriúil ag an mbeirt againn.

TADHG: Níl aon oidhre ortsa anois ach m'athair.
(*Meangadh gáire orthu triúr*)

GEARÓID: D'aithneofá gur deartháir agus deirfiúr tú
féin agus Bróna.

SEÁINÍN: Bean bhreá is ea Bróna, ambaiste.
(*Féachann* GEARÓID *agus* TADHG *air agus goimh
orthu.*)

SEÁINÍN: (*ag éirí neirbhíseach*): Ah, you know, nílim ag
rá gur mhaith liom imeacht amach léi ná faic,
cé go rachainn dá mbrisfeadh sibh suas. (*Ag
éirí an-suaite*) Nílim ag rá go mbrisfidh sibh
suas ná faic . . .

TADHG: A Sheáinín.

SEÁINÍN: Cad é?

TADHG: Éist! (*Éisteann sé. Ciúnas*) N'fheadar an

mbeidh puinn daoine ag an gcluiche an chéad
lá eile.

GEARÓID: Is dócha go mbeidh cleataráil mhaith ann.

SEÁINÍN: N'fheadar an mbeidh mná ann?

(*Tosaíonn an bheirt eile ag tabhairt amach do Sheáinín agus ag magadh faoi. Téann a nguthanna i léig de réir a chéile.*)

Radharc a Sé

Ardaítear na soilse. Na himreoirí ar fad suite istigh i seomra feistis agus iad á ngléasadh féin don chluiche. Bíonn caint tráchtaire le clos agus é ag cur síos ar an gcluiche atá le teacht. Tar éis cúpla soicind de seo téann sé i léig. Bíonn NA HIMREOIRÍ *ag caint eatarthu féin. Cuid acu á síneadh féin, cuid eile ag imeacht don leithreas, cuid eile ag caint srl. Bíonn imreoir amháin ag cur Deep Heat ar a chos. Chíonn* DARACH *é. Téann sé anonn chuige. Tógann an canna uaidh agus cuireann ar a chos féin é. Faigheann an boladh uaidh agus cuireann faoina ascaill é. Tagann* TOMÁS, JOHNNY, *agus* MICHEÁL *isteach. Tá culaith nua éadaigh agus carbhat ar* THOMÁS. *Tosaíonn* NA HIMREOIRÍ *ag gáire.*

TOMÁS: Ó an-mhaith, an-mhaith! Tá sibh go diail ar fad. Tá súil agam go mbeidh sibh díreach chomh cliste sin amuigh ar an ngort inniu. Má bhíonn, buafaimid go héasca. Anois, a leaideanna, ciúnaigí síos. Tá an fhoireann ar eolas agaibh ó istoíche aréir ach glaofaidh Johnny amach arís í chun a bheith cinnte.

JOHNNY (*ag léamh go mall socair réidh*): Sa chúl, Séamas Ó Brosnacháin; líne lánchúil ar clé, Diarmaid Mac Gearailt; lánchúl, Micheál Ó Sé . . . (*Tagann* TOMÁS *roimhe.*)

TOMÁS: Féach, tabhair dom é sin, in ainm Dé! Right. Sa chúl, Jim Billí, Jerry Pheats Mhicil,

Micheáilín Mhuirisín, Johnny an Ghleanna, Jimmy Johnny Dhiarmada, Seosamh na gKennedys, Tadhg Dan, Peats Tom, Liam an Phortaigh, Paidí an Chrosaire, Gearóid na Claise, Dara Beag, Séamaisín an Táiliúra, Johnny Sheáin Sé, agus Jimín Mháire Thaidhg! (*Tógann* TOMÁS *an chaid ina láimh agus féachann sé go géar uirthi. Bíonn ciúnas ann ar feadh scaithimh fhada sula labhraíonn sé. Go ciúin ar dtús ach sceitimíní ag teacht air diaidh ar ndiaidh.*) Cad é seo?

(*Ciúnas* . . .)

Níl anseo, a leaideanna, ach craiceann muice atá lán d'aer . . . ach is féidir leis an rud seo do bhrionglóidí a chur i gcrích, mianta do chroí a chomhlíonadh, do chuid naimhde a chur faoi chois agus onóir agus glóir a thabhairt chugat féin, chuig do chlann, do chlub agus do chontae. Le haon chic amháin di seo is féidir leat gliondar agus ríméad a chur ar na mílte duine agus na mílte eile a chur in ísle brí. Píosa craicinn an-chumhachtach, nach dóigh libh? Deir daoine áirithe nach bhfuil sa rud seo inniu ach cluiche agus spórt agus gur cheart dúinne taitneamh agus pléisiúr a bhaint as . . . Bhuel, más dóigh le haon duine agaibhse é sin níor cheart daoibh a bheith anseo. Tá sibhse ag traenáil dhá nó trí oíche sa tseachtain ó thosach na bliana agus ag imirt cluichí nach mór gach Domhnach. Tá cnámha briste agaibh, craiceann gearrtha agaibh agus matáin tarraingthe agaibh, tá bhur saol sóisialta curtha ar leataobh agus bhur n-oideachas curtha ar an méar fhada . . . agus é sin ar fad ar son na caide! Ní dhéanann tú é sin do chluiche ná do spórt, déanann tú é sin do rud atá i bhfad i bhfad níos gaire do do chroí. Cén fáth a bhfuil sé chomh gar sin do do chroí? Tá sé amhlaidh mar aon uair a tharraingíonn tusa geansaí an chlub seo ort féin, níl tú ag dul amach ar an ngort ar do shon féin. Tá tú ag imirt ar son d'athar, ar son do mháthar, do dhearthár, do dheirféar, do bhaile dhúchais; do gach fear, bean agus leanbh atá agus a bhí riamh sa pharóiste seo—agus ná déanaigí dearmad air sin choíche! Nuair a rachaidh tusa amach ar an ngort sin inniu féach timpeall an ghoirt agus chífidh tú an áit dubh leis na daoine sin ó gach aird d'ár bparóiste. Gach aon duine acu céad faoin gcéad taobh thiar dúinn . . . agus déarfaidh mé rud amháin libh, a leaideanna: níl aon mhothúchán ar domhan a thiocfadh i ngar ná i ngaobhar don mhothúchán a bheidh ionaibh inniu agus na daoine sin ag tacú libh. Is cuimhin liom féin go maith nuair a bhí mé ag imirt leis an gclub seo na blianta ó shin, an meas agus a bhí ar ár gclub ar fud an chontae agus an mórtas a bhíodh orainn agus sinn ag cur gheansaí an chlub orainn féin. Le blianta beaga anuas tá an meas sin imithe agus an drochmheas tagtha ina ionad. Na daoine ag magadh agus ag caitheamh anuas ar an gclub beag tuaithe. Na cábóga dúra, na tuathánaigh shimplí—is dóigh leosan nach bhfuil le déanamh acu inniu ach teacht anseo agus an cupán a bhreith leo.

Sula dtéann sibh amach ar an ngort sin ba mhaith liom ceist amháin, aon cheist bheag amháin, a chur oraibh . . . Tar éis a bhfuil ráite agam, an bhfuil sibh chun ligean dóibh é sin a dhéanamh?

IMREOIRÍ: Nílimid.

TOMÁS: An bhfuil sibh chun muintir an pharóiste seo, bhur muintir féin, a ligean síos?

IMREOIRÍ: Nílimid.

TOMÁS: Ní chloisim sibh. Seasaigí agus béicigí ó bhur gcroíthe amach é!

IMREOIRÍ (*ag éirí ina seasamh*): Nílimid.

TOMÁS: An bhfuil sibh chun na glúine a chuaigh romhaibh, agus cultúr agus traidisiún an chlub seo a ligean síos?

IMREOIRÍ: Nílimid!

TOMÁS: Téigí amach, mar sin, agus taispeáin dóibh cén saghas stuif atá ionaibh!

(*Ritheann* NA HIMREOIRÍ *amach agus gach aon bhéic acu. Ciúnas . . . Labhraíonn Tomás go ciúin.*) Agus, a leaideanna, in ainm Dé — SCAOILIGÍ LEIS AN gCAID!

CRÍOCH

An Saol Eile

Foireann

Cuireadh an dráma seo ar stáitse den chéad uair ag Féile Drámaíochta na gColáistí i mBaile Átha Cliath an 22ú Feabhra 1997. Ba iad seo a leanas an fhoireann:

CONALL	Conall Ó Dinnéide
CÓILÍN	Cóilín Ó Neachtain
GEARÓID	Seán Tadhg Ó Gairbheith
MAIRÉAD	Benita Ní Chuilinn
RÓISÍN	Róisín Ní Ghairbheith
PÁDRAIG	Breandán Mac Gearailt
CÁIT	Gráinne Ní Shé
ÚINÉIR AN TÍ	Rónán Ó Domhnaill
BEAN	Máire Áine Ní Chuaig
FEAR	Breandán Mac Gearailt
LEAID 1	Páidí Ó Conchúir
LEAID 2	Conall Mac Gearailt
PEILEADÓIR 1	Pádraig Mac Sleimhne
PEILEADÓIR 2	Daire Ó hUallacháin
PEILEADÓIR 3	Micheál Ó Cinnéide
HIPPIE 1	Niamh Ní Churnáin
HIPPIE 2	Heidí Ní Néill
SCOLÁIRE	Sinéad Ní Chonchúir
CAILÍN 1	Caitríona Ní Mhaoláin
CAILÍN 2	Eimear Ní Fhatharta

Pearsana

CONALL	*mac léinn ollscoile, timpeall 22*
CÓILÍN	*mac léinn ollscoile, timpeall 23*
GEARÓID	*mac léinn ollscoile, timpeall 21*
RÓISÍN	*mac léinn ollscoile, timpeall 21*
MAIRÉAD	*mac léinn ollscoile, timpeall 22*
PÁDRAIG	*athair Chóilín, timpeall 70*
CÁIT	*máthair Chóilín, timpeall 60*
ÚINÉIR AN TÍ	*timpeall 40*
BEAN	*comharsa*
FEAR	*ag cuardach seomra ar cíos*
PEILEADÓIR 1, 2 & 3	
CAILÍN 1 & 2	
LEAID 1 & 2	
HIPPIE 1 & 2	
SCOLÁIRE	

SUÍOMH — Teach atá ar cíos ag mic léinn i gcathair na Gaillimhe

Radharc a hAon

Cailín tábhairne sa chúinne ar dheis ag bun an ardáin. Ag ní gloiní atá sí. Tar éis tamaill tagann CONALL *ó chúl na hamharclainne. Siúlann suas go dtí an beár ag beannú do dhaoine. Ordaíonn sé pionta, suíonn cois cuntair agus tosaíonn ag caint go díreach leis an lucht féachana.*

CONALL: An bhfuil a fhios agaibhse go bhfuil timpeall ar shé ollscoil sa tír seo agus tarraingt ar chaoga míle duine ar fad ag freastal orthu? Cuimhnigh air sin, caoga míle duine! Is dóigh le han-chuid daoine, sibhse ina measc, go mbíonn na daoine seo de shíor ag staidéar, nach mbíonn faic ag déanamh tinnis dóibh ach léachtaí, leabhair, staidéar, agus go mbíonn siad de shíor faoi bhrú na scrúduithe. Cé gur fíor é sin, tá i bhfad níos mó ná sin ag baint le saol na hollscoile. Tá gnéithe eile de shaol na hollscoile nach nochtar go minic—ar nós an bhráca a bhíonn ag baint le lóistín a fháil, argóintí agus easaontais sna tithe, drochbhia, éadaí salacha agus thar aon ní eile . . . an saol sóisialta! Saol é seo a fhágann an scoláire gan phingin, gan fuinneamh agus ar chloigeann tinn. Ceapann na tuismitheoirí go léir go bhfuil a Seáinín nó a Micilín beag istigh ina chodladh

go sámh nuair is amhlaidh atá sé amuigh i
mbeár an choláiste le maide pionta i láimh
amháin, gal tabac sa láimh eile agus é ag
iarraidh teacht timpeall ar bhean bhocht
éigin. Is mar sin a bhí leis na daoine a bhí sa
tigh liomsa i mbliana agus sinn ar Ollscoil na
hÉireann, Gaillimh.

(*Lastar na soilse ar an ardán. Tá teach scoláirí
le cuisneoir, bord, cathaoireacha, tolg, vidió,
teilifís srl. le feiceáil.*)

Duine acu sin ab ea Cóilín.

(*Siúlann leaid mór groí amach, lorg a choda, an óil
agus an rógaire air, buidéal fuisce ina láimh aige.*)

Fear is ea é a d'ólfadh an braon anuas agus a
chuma sin air. Ansin bhí Gearóid ann.

(*Siúlann* GEARÓID *amach.*)

Duine ab ea é seo go mbíodh a cheann i
gcónaí sáite i leabhar aige. Chomh maith
leosan bhí Róisín ann agus ba dhiail an bhean
í chun cur suas leis an gcuid eile againn.

(*Siúlann* RÓISÍN *amach.*)

Gan amhras, bhí mé féin sa tigh chomh maith
agus caithfidh mé a rá gurbh é an t-aon rud a
thug don ollscoil mé ná mná agus craic.
B'fhéidir go bhfuil cur amach agaibhse ar
shaol na hollscoile agus b'fhéidir nach bhfuil,
ach fan anseo liomsa agus inseoidh mé gach
rud daoibh faoin saol seo . . . an saol eile.
(*Tógann slog as a phionta.*) Caithfidh mise dul
chuig teach an asail. (*Imíonn sé.*)

(*Tagann* GEARÓID *amach, é scriosta bearrtha, feistithe go maith. Suíonn sé cois boird, cuireann air a spéaclaí agus tosaíonn ag léamh an pháipéir. De gheit ritheann* CÓILÍN *amach gan é ach leathghléasta, coinleach féasóige air, a chuid gruaige in aimhréidh. An chuma air nach bhfuil sé ach tar éis éirí as a leaba. Tosaíonn sé ag alpadh siar a chuid bia, an bia ag titim timpeall na háite. An chuma ar Ghearóid go bhfuil sé seo feicthe go minic cheana aige. Ritheann sé amach, tógann* GEARÓID *leabhair atá ar an talamh. Ritheann* CÓILÍN *isteach arís. Beireann sé ar na leabhair agus amach leis arís. Isteach le* RÓISÍN.)

RÓISÍN: Cad ina thaobh go bhfuil tusa éirithe, a Ghearóid? Cheapas nach raibh aon léacht agatsa go dtí a haon déag.

GEARÓID: Tá's agam ach theastaigh uaim cúpla rud a eagrú agus ní theastaíonn uaim a bheith déanach do mo léacht. Cathain a bheidh tusa ag dul isteach?

RÓISÍN: Bhuel, caithfidh mise an chéad chúpla léacht a chailleadh, ach go háirithe, mar caithfidh mé agallamh a chur ar na daoine atá ag teacht ag féachaint ar an seomra folamh.

GEARÓID: Tá tú chun léachtaí a chailleadh?

RÓISÍN: Bhuel, caithfidh duine éigin é a dhéanamh. Is féidir liom na nótaí a fháil ó dhuine éigin eile. Beidh an rud céanna agam is a bheidh ag an duine a rachaidh chucu ach nach gcaithfidh mé cur suas leis an léachtóir ag caitheamh thairis.

GEARÓID: Bhuel, d'fhanfainn anseo i do theannta ach tá léacht agam agus tá sé an-tábhachtach agus chomh maith leis sin táim ag bualadh le mo léachtóir roimh ré i gcomhair caife.

(*Caitheann* RÓISÍN *a súile go neamh.*)

RÓISÍN: Bhuel, caithfidh tú fanacht anseo tamaillín, ach go háirithe, mar caithfidh mise cith a thógáil. Má thagann aon duine abair leis fanacht go dtí go dtiocfaidh mé amach. (*Imíonn sí léi.*)

(*Ní róbhuíoch atá* GEARÓID. *Caitheann sé uaidh a pháipéar go mífhoighneach. Siúlann sé anonn chuig an teilifís agus cuireann sé an teilifís agus an vidió ar siúl. Ní féidir leis an lucht féachana an teilifís a fheiceáil ach cloistear an saghas ceoltéama a bhíonn le scannáin ghorma. Bíonn aoibh an iontais agus na déistine ar aghaidh* GHEARÓID *ar dtús, ansin músclaítear suim ann. Claonann sé a cheann chun radharc níos fearr a fháil air. Fad atá sé á dhéanamh seo tagann* CONALL *aniar aduaidh air agus tosaíonn sé féin ag féachaint agus ag claonadh a chinn.*)

CONALL: Fístéip bhreá is ea í sin. Fuair mé ó chara liom í an lá faoi dheireadh. (*Léimeann* GEARÓID *in airde, an-gheit bainte as.*)

GEARÓID (*náire air*): Ní raibh mé ach ag . . . ag . . . féachaint air. Cheapas gur clár faisnéise éigin a bhí ann.

CONALL (*go magúil*): Cén saghas cláir faisnéise? Ceann ar an human anatomy?

GEARÓID: Á . . . n'fheadar. (*Neirbhíseach*) Caithfidh mé

imeacht pé scéal é. Tá léacht agam. (*Tógann sé a chuid leabhar agus imíonn sé.*)

(*Suíonn* CONALL *síos ag léamh an pháipéir ag gáire leis féin. Isteach le* RÓISÍN.)

RÓISÍN: Tusa atá anseo! Cá bhfuil an fear eile? Dúirt mé leis fanacht anseo.

CONALL (*ag gáire leis féin*): Tar éis a bhfuil feicthe aige, táim in amhras go bhfuil sé imithe ag lorg mná in áit éigin.

RÓISÍN: Cad é?

CONALL: Á, ná bac.

RÓISÍN (*an-ghoimh ag teacht uirthi*): Fir! An bhféadfása fanacht anseo cúpla nóiméad go dtí go gcuirfidh mé mo chuid éadaí orm féin. Má thagann aon duine mar gheall ar an seomra, glaoigh orm.

CONALL: Inniu, an ea, atá siad ag teacht?

RÓISÍN: Is ea.

CONALL: Ceart go leor, cuirfidh mé glaoch ort.

(*Imíonn Róisín léi. Ní bhíonn sí imithe ach cúpla soicind nuair a chnagtar ar an doras.*)

CONALL: Tar isteach. (*Ag béicíl*) Róisín!

(*Tagann leaid timpeall 23 bliain d'aois isteach, é gléasta go hait, tuin láidir ar a chuid cainte.*)

FEAR: An é seo an teach a raibh sé fógraithe san *Advertiser* go raibh seomra folamh ag imeacht ann?

CONALL: Is é, ambaiste. A Róisín, tá duine éigin anseo!

FEAR: Róisín, sin ainm cailín, nach ea?

CONALL: Ní haon amadán tusa.

FEAR: Tá cailíní sa tigh, mar sin, an bhfuil? (*Ag suí in aice le Conall.*)

CONALL: Tá gach aon saghas duine sa tigh seo, a bhuachaill. (*Ag éirí neirbhíseach agus ag féachaint air den chéad uair*) Cad ina thaobh? An bhfuil fadhb agatsa le cailíní?

FEAR (*ag druidim níos cóngaraí do Chonall*): Bhuel, i ndáiríre, b'fhearr liom buachaillí. Bíonn cailíní ró-aerach uaireanta agus róchiotrúnta uaireanta eile. Nach dóigh leat?

CONALL (*ag seasamh in airde agus ag béicíl, anneirbhíseach*): Róisín! Bhuel, is fear mór cailíní mise, is oth liom a rá. Chomh maith leis sin tá tú ródhéanach—tá an seomra tugtha do dhuine éigin eile. Cailín a fuair é, fiú.

FEAR: Á, is mór an trua é sin. Ó, bhuel, caithfidh mé leanúint orm ag cuardach. Tá súil agam go gcífidh mé arís tú uair éigin. Turaloo! (*Imíonn sé.*)

CONALL (*faoiseamh le feiceáil ar a aghaidh*): Slán.

RÓISÍN (*ag teacht amach*): An raibh tú ag glaoch orm?

CONALL: Bhí, is go dtuga an diabhal amach tú nó cad a choimeád istigh chomh fada sin tú? Ba dhóbair gur deineadh éigniú ormsa anseo amuigh.

RÓISÍN: Cad tá ort?

CONALL: Ná bac é, ná bac é. An chéad duine eile a thiocfaidh, táim chun iad a chur cruinn díreach isteach chugat. Ní theastaíonn uaim a bheith ag plé le gach aon saghas leathamadán an t-am seo de mhaidin. Táim ainnis mo dhóthain.

RÓISÍN: Right, a bhuachaill, tóg bog é. (*Ag labhairt léi féin*) Fir!

CONALL (*ag déanamh aithrise uirthi*): Fir! (*Tosaíonn ag léamh an pháipéir arís*)

(*Cnagtar ar an doras arís. Labhraíonn* CONALL *go mífhoighneach.*) Tar isteach.

(*Tagann* MAIRÉAD, *cailín óg ard an-dathúil isteach. Tá mionsciorta agus smideadh uirthi.*)

MAIRÉAD: Gabh mo leithscéal, táim anseo mar gheall ar an seomra a bhí fógraithe san *Advertiser*.

CONALL (*gan féachaint uirthi*): Sa seomra ansin thall.

MAIRÉAD: Gabh mo leithscéal?

CONALL: Téigh isteach sa seomra ansin thall. Tá cailín istigh ann a chuirfidh agallamh ort.

MAIRÉAD (*iontas uirthi*): Ceart go leor. (*Tosaíonn sí ag siúl i dtreo an tseomra.*)

(*Tugann* CONALL *faoi deara a dhathúla atá sí.*)

CONALL: Ach más maith leat, is dócha gur féidir leat fanacht anseo. (*Á treorú chuig an tolg*)

MAIRÉAD: Cad mar gheall ar an agallamh?

CONALL: Cuirfidh mise agallamh ort. Cén t-ainm atá ort?

MAIRÉAD: Mairéad.

CONALL: Sin ainm deas. Cad tá tú ag déanamh san ollscoil nó an bhfuil tú san ollscoil in aon chor?

MAIRÉAD: Táim i nDámh na nDán.

CONALL: An-mhaith, an-mhaith.

MAIRÉAD: Cad mar gheall ar an seomra?

CONALL   (*iontas air*): Cén seomra?

MAIRÉAD: An seomra a bhí fógraithe san *Advertiser*, nó an amhlaidh atá sé imithe?

CONALL: Ó, an ceann sin, níl sé imithe in aon chor. Tá sé agat má tá sé uait.

MAIRÉAD: Ach níor chuir tú aon agallamh orm ná faic. Níl a fhios agat faic mar gheall orm.

CONALL: An méid a fheicim, is maith liom é. (*Ag féachaint ar a cosa*)

MAIRÉAD: Tá sé sin go hiontach. Táim ag cuardach tí le fada ach bhí gach aon áit imithe. Cathain is féidir liom teacht?

CONALL: Aon uair is maith leat. Dá luaithe is a thiocfaidh tú is ea is fearr liomsa é. (*Ag féachaint go gáirsiúil uirthi*)

MAIRÉAD: Tiocfaidh mé anocht, mar sin, mura bhfuil sé sin róluath. (*Ag éirí ina seasamh*)

CONALL: Níl ná é. An dteastaíonn uait féachaint ar do sheomra?

MAIRÉAD: Ní féidir liom. Tá deabhadh orm—féachfaidh mé anocht air.

CONALL: Chífidh mé anocht tú, mar sin.

MAIRÉAD: Chífidh. Slán.

CONALL: Slán. (*Suíonn sé síos agus cuma an-sásta air*) (*Tagann* RÓISÍN *isteach.*)

RÓISÍN: An raibh duine éigin anseo? Cheap mé gur chuala mé daoine ag caint.

CONALL: Bhí duine éigin anseo ceart go leor! (*Gealgháireach*)

RÓISÍN: Cad ina thaobh nár ghlaoigh tú orm chun agallamh a chur uirthi?

CONALL: Ní raibh aon ghá leis. Thug mé an seomra di.

RÓISÍN: Á, a Chonaill! Cad ina thaobh gur dhein tú é sin? Ar chuir tú agallamh uirthi? Cén saghas duine a bhí inti?

CONALL (*aoibh an gháire fós ar a aghaidh*): Chuir mé agallamh uirthi ceart go leor agus bhí sí andeas.

RÓISÍN: Á, tuigim anois. Is dócha go raibh sciorta gearr uirthi, agus cosa fada agus tosach mór agus sin é a mheall tusa.

CONALL (*éiríonn sé, cuma bhrónach, smaointeach air*): Faoi mar a deireadh mo sheanathair i gcónaí, grásta ó Dhia ar a anam (*Á bheannú féin*) 'Tosach maith leath na hoibre!' (*Tosaíonn sé ag gáire leis féin.*)

RÓISÍN: An-ghreannmhar, an-ghreannmhar ar fad. Bhuel, déarfaidh mé rud amháin leat. Mura mbeidh sí oiriúnach is tusa a bheidh thíos leis.

CONALL: Tá sí oiriúnach. An-oiriúnach ar fad.

RÓISÍN: Táimse bréan de seo. Táim ag imeacht 'on choláiste. (*Tosaíonn sí ag imeacht léi.*)

CONALL: Fan liom, rachaidh mé i do theannta. (*Imíonn sé léi.*)

Radharc a Dó

Sa teach thart ar a cúig tráthnóna. Tagann CÓILÍN *isteach agus mála plaisteach aige agus gal tobac ina bhéal aige. Téann sé sall go dtí an sorn, tógann cannaí as an mála. Osclaíonn sé na cannaí, caitheann a bhfuil iontu i bpota agus cuireann ar an sorn é. Faigheann sé spúnóg mhór adhmaid agus tosaíonn ag meascadh. Téann sé go dtí an cuisneoir agus tógann amach an bainne. Blaiseann sé é.*

CÓILÍN (*grainc air*): Á, tá sé seo géar! (*ag féachaint isteach sa chuisneoir arís*) Níl faic eile ann. Dhera, déanfaidh sé iad agus mura dtaitneoidh sé leo is féidir leo imeacht in ainm an diabhail. (*Tagann* GEARÓID *isteach, cuma dhíomách air. Féachann* CÓILÍN *air.*) Cad tá ortsa? Ba dhóigh le haon duine gur chac scata faoileán ort, tá tú chomh gruama sin.

GEARÓID: Nílim go maith in aon chor, bhí coinne agam inniu le bualadh le mo léachtóir i gcomhair caife agus níor tháinig sé.

CÓILÍN (*searbhasach*): Tá sé sin tubaisteach ar fad!

GEARÓID: N'fheadar an amhlaidh go raibh sé breoite ná faic?

CÓILÍN (*ag plé lena chuid cócaireachta, ag déanamh neamhshuime de Ghearóid*): N'fheadar.

GEARÓID: Níl aithne ar bith agatsa air, an bhfuil?

CÓILÍN (*ag féachaint air*): Fear mór?

GEARÓID: Is ea.

CÓILÍN: Ceann maol air.

GEARÓID: Is ea.

CÓILÍN: Bacach ar an gcois chlé.

GEARÓID *(sceitimíní air)*: Is ea.

CÓILÍN   *(ag cur méire ar a éadan)*: Gearradh mór trasna anseo.

GEARÓID: Is ea. *(An-sceitimíní air)*

CÓILÍN: Níl aithne ar bith agam air.

GEARÓID *(díomách)*: Ceart go leor.
         (Tagann CONALL *isteach, mála ar a dhroim aige agus é lán go barr.)*

GEARÓID: Sin rud is breá liom a fheiceáil. Duine ag teacht abhaile ón leabharlann agus beart mór leabhar aige.

CONALL *(ag gáire)*: Bhí mé sa leabharlann ceart go leor, ach is sa leithreas a bhí mé *(Fad atá sé ag caint osclaíonn sé an mála agus tógann sé amach beart mór páipéar leithris.)* agus thóg mé cúpla souvenir liom.

GEARÓID: Ghoid tú iad sin!

CONALL: Ah no, thóg mé amach ar iasacht iad ar mo chárta leabharlainne, agus cuirfidh mé ar ais iad nuair a bheidh mé críochnaithe leo.

CÓILÍN: Ardfhear, a Chonaill, bhí fonn diamhair leithris orm féin níos luaithe agus ní raibh aon pháipéar leithris timpeall. *(Le Gearóid)* B'éigean dom cuid de do pháipéar nuachta a úsáid chun mo thóin bhreá ghaelach a ghlanadh.

GEARÓID: Sin é a d'imigh ar mo Bhusiness Section.
(*Goimh air*)
(*Tagann* RÓISÍN *isteach.*)

RÓISÍN: Dia daoibh, a leaideanna.

AN CHUID EILE: Conas atá tú?

RÓISÍN (*a srón san aer aici*): Cad é an boladh sin?

CÓILÍN (*mórtasach*): Sin boladh 'Cóilín stew'.

RÓISÍN (*ag dul anonn chuig Cóilín*): Cad tá istigh ann?
(*Féachann sí isteach sa phota agus cuireann pus uirthi féin.*) Ar an láimh eile, is dóigh liom nach dteastaíonn uaim a fháil amach.

GEARÓID: Ag iarraidh sinn a mharú atá tú, an ea?

CÓILÍN (*conach ag teacht air*): Gabh mo leithscéal, tá sé seo an-fholláin duit. Mar sin féin, is dócha nach bhfuil sé leath chomh maith leis an cuisine à la cac a chuireann tusa ar an mbord chugainn.

GEARÓID (*conach air*): Ó, go díreach. An bhfuair tú aon duine don seomra?

RÓISÍN: Ní bhfuair mise ach fuair Conall, nach bhfuair, a Chonaill?

CONALL (*é an-sásta leis féin*): Fuair mé ambaiste agus is ainnis an té a gheobhadh locht uirthi.

GEARÓID: An amhlaidh go raibh references iontacha aici nó rud éigin?

CONALL: Ní raibh oiread is ceann amháin aici.

GEARÓID: Bhí aithne agat uirthi, mar sin, an raibh?

CONALL: Ní raibh ach beidh má ritheann liom.

GEARÓID: Á, a Chonaill, cén saghas amadáin tú in aon chor? Thug tú an seomra do dhuine nach

raibh aon references aici agus nach raibh aon
aithne agat uirthi!

(*Tagann* MAIRÉAD *isteach taobh thiar de.*)

An bhfuil tú glan as do mheabhair?
D'fhéadfadh sé gur dúnmharfóir í! Is dócha
go raibh sciorta uirthi suas go dtí a básta
agus sin é a mheall tusa.

MAIRÉAD: Gabh mo leithscéal!

GEARÓID: Cé hé tusa?

MAIRÉAD: Is mise an cailín leis an sciorta suas go dtí a
básta.

(*Náire ar Ghearóid. An chuid eile ag gáire.*)

CONALL (*fós ag gáire*): Fáilte romhat. Sin í Róisín ansin
agus tá Cóilín in aice léi.

MAIRÉAD: Dia daoibh.

RÓISÍN: Dia is Muire duit.

CÓILÍN (*ag caitheamh leathshúile uirthi*): Hi!!

CONALL: Tá aithne agat orm féin, gan amhras, agus
sin é Gearóid, an leaid a dhein amadán de
féin. Ná cuir aon nath ann. Tá sé ar
medication speisialta na laethanta seo agus
níl sé istigh leis féin.

(*Tagann cnag ar an doras. Imíonn* CONALL
amach.)

CONALL (*ag teacht ar ais*): Is é fear an tí atá ann.

CÓILÍN: Shit! Tá an áit ina chac. (*Tosaíonn siad ar fad
seachas Mairéad ag glanadh suas. Isteach le fear
an tí. Fear meánaosta.*)

FEAR AN TÍ (*ag caint go neamhchairdiúil*): I have come to
collect the rent, it's Monday.

CÓILÍN: Dá mbeadh airgead á thabhairt uait agat ní chímis go deireadh na seachtaine tú.

FEAR AN TÍ: What did you say?

GEARÓID (*imní air*): He said he was going to get it right away.

(*Imíonn* CÓILÍN *agus faigheann sé an t-airgead. Gach duine ina sheasamh sa chistin go míchompordach.*)

CÓILÍN: Seo duit é is nár dhéana sé puinn maitheasa duit.

FEAR AN TÍ: Thanks, and by the way could ye possible keep this place a bit tidier. It is like a pigsty in here.

CÓILÍN: Cuir do mhéar i do thóin!

FEAR AN TÍ: What?

GEARÓID: We will get to it right away.

FEAR AN TÍ: OK. I will see ye again next Monday.

CÓILÍN: Go n-imí an diabhal do bhóthar!

(GEARÓID *ag tathant air éisteacht*)

RÓISÍN: An bhfuil rud éigin ag dó?

CÓILÍN: Ó, a Chríost, an dinnéar, dhein mé dearmad glan air. (*Téann sé anonn go dtí an sorn, féachann sa phota.*) Níl sé thar mholadh beirte ach déanfaidh sé iad. An bhfuil blúire uaitse, a Mhairéad?

MAIRÉAD: Beidh píosa beag agam má tá sé ann.

(*Tosaíonn Cóilín ag cur an bhia amach ar phlátaí, cuma na hainnise ar fad air. Bíonn sé á chrústach amach.*)

CONALL: Níl cuma ró-iontach air seo, a Chóilín.

CÓILÍN: Ith é nó fág i do dhiaidh é. An bhfuil puinn uaitse? (*É ag caint go borb le Gearóid, ní fhanann sé le freagra ach caitheann ar a phláta é. Ansin tagann sé go dtí Mairéad, labhraíonn go deas cineálta léi.*) An bhfuil puinn uaitse?

MAIRÉAD: Beagáinín beag, más é do thoil é.

(*Cuireann sé amach ar a pláta é go deas mall réidh.*)

GEARÓID: Cad é seo? (*Ag tógáil rud éigin amach as a chuid bia*)

CÓILÍN (*gan iontas ar bith air*): Ó, sin é an gal a bhí agam ó chianaibh. Thit sé isteach sa phota de thimpiste.

GEARÓID: Cad ina thaobh sa diabhal nár thóg tú amach é?

CÓILÍN (*náire air*): Bhuel, níor cheap mé go mbeadh sé róshláintiúil mo láimh a chur isteach sa bhia.

GEARÓID (*déistin air*): Á, in ainm Dé! Táimse chun imeacht chuig Supermacs chun rud éigin a fháil le hithe.

RÓISÍN: Níl an oiread sin ocrais ormsa a thuilleadh, a Chóilín.

MAIRÉAD: Bhí greim le hithe agam féin níos luaithe, so ní gá dom puinn a ithe.

RÓISÍN (*ag lorg leithscéil an seomra a fhágáil*): An dteastaíonn uait do sheomra a fheiceáil, a Mhairéad?

MAIRÉAD: Ba bhreá liom é.

(*Imíonn an bheirt acu.*)

CONALL: Jesus, a Chóilín, a Chóilín! Ní féidir é seo a

ithe, tá sé lofa ar fad. (*Cuireann sé uaidh ar an talamh é.*)

CÓILÍN : Tá teaspach oraibh ambaiste, is é seo a bhíonn ag baile i gcónaí againne agus bíonn sé breá blasta. (*Blaiseann sé é ach ní féidir leis féin, fiú, é a ithe. Caitheann sé amach sa bhruscar é i ngan fhios do Conall.*) Féach, tá sé ite agamsa. (*Tosaíonn sé ag glanadh. Buaileann an fón.*) Á, a Chonaill, freagair an fón!

CONALL (*ina luí ar an tolg*): Cad ina thaobh? Ní domsa é.

CÓILÍN (*ag dul i dtreo an ghutháin agus gach aon mhallacht aige, freagraíonn an fón go garbh*): Heileo! (*Athrú mór air nuair a thuigeann sé cé tá ann*) Ó, tusa atá ann, a Mham. Cheap mé gur duine éigin eile a bhí agam.

CONALL (*iontas air*): Arís! Jesus, a Chóilín, d'fhéadfadh do mháthair Eircom a choimeád sa tsiúl í féin, bíonn sí ag glaoch chomh minic sin.

CÓILÍN (*ní thugann sé aon toradh air*): Táim go maith agus sibh féin . . . Yeah, a Mham, bhí dinnéar agam, dhein mé béile breá níos luaithe. Bhí gach aon duine an-tógtha leis, bhí sé thar na bearta ar fad . . . No, a Mham, ní bhím ag ól. (*Ag caitheamh a shúl go neamh, é seo cloiste go minic cheana aige*) . . . Chuala tú ó mhac Pháidí an Chrosaire go mbím ag ól go minic anseo thuas. (*Ag tógáil an ghutháin óna chluais agus ag labhairt le Conall*) Táim chun an focar sin a mharú. (*Ag caint isteach sa ghuthán arís*) Tá's agatsa go maith, a Mham, nach n-ólaimse in aon chor. (*Fad is atá sé á rá seo tógann sé bolgam as an mbuidéal fuisce atá ina láimh.*) Yeah, a Mham, chuaigh mé chuig mo chuid léachtaí inniu, agus dhein mé dhá uair a chloig staidéir chomh maith.

(*An-iontas ar Chonall*)

CONALL: Dá ndéanfá dhá uair a chloig sa bhliain bheadh déanta go maith agat.

(*Buaileann* CÓILÍN *é.*)

CÓILÍN: Ó, a Mham, dá fhad is a chuimhním air, an bhféadfá cúpla pingin a chur chugam . . . teastaíonn uaim cúpla leabhar a cheannach . . . níl puinn uaim. Dhéanfadh tarraingt ar chaoga punt an beart . . . (*Tógann sé an cluasán óna chluais. Is léir go bhfuil sé ag fáil léacht de chineál éigin.*) Yeah, yeah, yeah, right, right, right, right, whatever, just cuir chugam an t-airgead . . . Caithfidh mé imeacht anois. Teastaíonn uaim imeacht a chodladh. Tá léacht agam go luath maidin amárach. Slán, a Mham. Cuirfidh mé glaoch ort ag an deireadh seachtaine uair éigin. Abair le Daid go raibh mé ag cur a thuairisce . . . Yeah, yeah, yeah, right, slán, slán. Caithfidh mé dul a chodladh anois, slán. (*Crochann sé an guthán.*) Go sábhála Dia sinn, ba gheall le hinterrogation é sin. (*Tógann sé slog eile as an bhfuisce.*) An bhfuil aon duine chun dul 'on phub?

CONALL: Nílimse, ach go háirithe.

CÓILÍN (*ag béicíl*): A Róisín, an bhfuil tú ag dul 'on phub?

RÓISÍN (*í féin agus* MAIRÉAD *ag teacht amach as an seomra*): Yeah, tá an bheirt againn ag dul.

CÓILÍN: An-mhaith. Fan go bhfaighidh mé mo chóta.
(*Faigheann* CÓILÍN *a chóta agus imíonn an triúr acu. Éiríonn* CONALL *den suíochán tar éis cúpla soicind agus téann sé anonn go dtí an beár agus tosaíonn ag caint go díreach leis an lucht féachana.*)

CONALL: Bhuel, is mar sin a bhí againne agus is mar an gcéanna a bhí i nach mór gach aon teach eile a raibh agus a bhfuil scoláirí ann. I dtosach na bliana bíonn argóintí, míthuiscintí agus, gan amhras, drochbhia ann. Socraíonn rudaí síos i gcónaí, áfach. Faoi mar atá feicthe agaibh ansin, is gné an-suntasach de shaol an scoláire an chumarsáid a bhíonn aige lena thuismitheoirí. Gan amhras ní theastaíonn uathu go mbeadh gach eolas ag a dtuismitheoirí mar dá mbeadh ní róshásta a bheidís. Dá bhrí sin bíonn siad cúramach go maith leis na cuntais a thugann siad dóibh. Mar sin féin, ní bhíonn siad rófhada ag dul ar an bhfón nuair a bhíonn airgead uathu. Tá cur síos déanta agam go dtí seo ar ghnéithe áirithe de shaol an scoláire, an teach, na hargóintí, an caidreamh le tuismitheoirí agus araile. Ach níor dhein mé aon chur síos go dtí seo ar an ngné is tábhachtaí a luaigh mé i dtosach . . . an saol sóisialta!!

(*Fad a bhíonn sé ag caint bíonn daoine ag teacht isteach sa teach. Bíonn gach aon saghas le feiceáil ann, idir fhir agus mhná, idir hippies agus imreoirí peile, ceol ard le cloisteáil, deoch ag gach duine agus cúpla duine ag caitheamh tobac, más tobac é! Bíonn siad ina seasamh agus ina suí timpeall.*)

Ní thugann aon rud léargas níos fearr ar an saol sóisialta, dar liomsa, ná an house party. Is é atá anseo go bunúsach nuair a thugann tú cuireadh do do chairde teacht chuig do theach chun peártaí a bheith agaibh. Is éard a tharlaíonn áfach ná go dtagann gach mac máthar atá i ngiorracht scread asail den áit. Gan amhras bíonn deoch, drugaí agus bruíonta ann. Go bunúsach, déantar an diabhal.

(*Siúlann* CONALL *anonn chuig beirt atá suite ar an talamh. Is léir gur hippies iad. Tá an bheirt acu ag caitheamh. Íslítear an ceol.*)

CONALL: An bhfuil sibh ceart go leor ansin?

HIPPIE 1: Táimid ar mhuin na muice; ag eitilt i dtreo neimhe; na haingil ár dtionlacan.

CONALL (*ag caitheamh súile go neamh, tá a fhios aige go bhfuil siad imithe siar ó thuaidh ar an tobac*): Ó an-mhaith, má chíonn tú an Bas abair leis go raibh mé ag cur a thuairisce. An bhfuil sibh ag ól in aon chor?

HIPPIE 2: Ní ólaimid in aon chor; b'fhearr linn an weed. Tabhartas é seo ó Dhia chun sinn a ardú ó éigialldas an domhain.

CONALL: Abair é sin leis na feirmeoirí a chaitheann na mílte punt ar weed killer.

HIPPIE 2: An mbeidh blúire agat féin? Déanann sé maitheas don anam agus ardaíonn sé an croí.

CONALL: Dhera, ní bheidh, b'fhearr liom fanacht leis an stuif dubh. (*Ag ardú pionta Guinness atá ina láimh aige*) Thógfadh sé i bhfad níos mó ná píosa de bhuachallán buí chun maitheas a dhéanamh do m'anam agus is féidir le rud eile mo chroí a ardú. (*Ag féachaint ar Mhairéad*)

(*Ardaítear an ceol ar feadh cúpla soicind agus islítear arís é. An turas seo tá triúr peileadóirí ina seasamh lena gcailíní taobh thiar den tolg ag caint. Bíonn na cailíní ansin agus gan focal astu, gan suim dá laghad acu sa chaint.*)

PEILEADÓIR 1: Bhí seans linn inniu, a leaideanna. Ba dhóbair gur chailleamar. Gan an pointe sin a bheith faighte agamsa bheadh thiar orainn.

AN BHEIRT EILE: Bheadh, bheadh.

PEILEADÓIR 1: Is dócha go raibh sé daichead troigh amach ón gcúl.

AN BHEIRT EILE: Bhí, bhí.

PEILEADÓIR 2: Bhí an ref go hainnis inniu, nach raibh, a leaideanna.

PEILEADÓIR 3: Nach mór an obair go mbíonn na réiteoirí ar fad inár gcoinne i ngach aon chluiche.

PEILEADÓIR 1: An cuimhin libh inniu, a leaideanna, nuair a bhí duine acusan ar an talamh agus thug mé cic sa cheann dó de thimpiste?

AN BHEIRT EILE: Is cuimhin, is cuimhin.

PEILEADÓIR 1: Ní raibh aon chic saor ansin.

AN BHEIRT EILE: Ní raibh ná é!

PEILEADÓIR 1: An cuimhin libh cad a dhein sé ansin? Thóg sé m'ainm!

AN BHEIRT EILE: Níor dhein! Scanallach! Náireach!

PEILEADÓIR 2: Cheapas go raibh cluiche an-mhaith agatsa, ach go háirithe. Bhí tú nótálta ar fad. Conas a cheap tú a d'imir mise?

PEILEADÓIR 1 (*náire air*): Bhí tú ceart go leor, ambaiste.

PEILEADÓIR 3: Bhí tú, ambaiste.

PEILEADÓIR 2: Dá mbeadh an báire sin faighte agam i dtosach an dara leath, bheadh an cluiche curtha i bhfearas againn. N'fheadar conas a chaill mé é in aon chor.

PEILEADÓIR 3: Go mór mór nuair a bhí tú istigh i mbéal an chúil agus gan aon chúl báire sa chúl!

PEILEADÓIR 2: Bhuel, táim saghas gortaithe le tamall. Tá an cruciate ligament sin ag cur isteach orm. (*Ag cuimilt a choise*)

AN BHEIRT EILE: Ní maith an buachaill an cruciate ligament sin. Go hainnis ar fad.

PEILEADÓIR 2: Tá an seandiabhal hamstring ag cur as dom chomh maith. (*Ag cuimilt a choise arís*)

AN BHEIRT EILE: Ní maith, ní maith.

PEILEADÓIR 3: Ba cheart duit physio a fháil dó sin.

PEILEADÓIR 2: Táim á fháil, ach an gcreidfeá nach bhfuil sé ag déanamh puinn maitheasa dom. Tá súil agam go gcneasóidh sé in am don chluiche mór an tseachtain seo chugainn.

PEILEADÓIR 1: Cluiche an-tábhachtach is ea é sin, a leaideanna, agus caithfimid é a bhuachan agus beidh . . .

CAILÍN 1 (*ag teacht roimhe*): An bhféadfaimis labhairt ar aon rud eile seachas caid. Táim bréan de.

CAILÍNÍ 2/3: Yeah, táimid traochta de!

PEILEADÓIR 1 (*lándáiríre*): Ceart go leor, is féidir linn labhairt faoi an-chuid rudaí seachas caid. Cé ina aghaidh a mbeidh Man. United ag imirt an Satharn seo, a leaideanna?

CAILÍNÍ: Áááááááááá. (*Ardaítear an ceol arís ar feadh tamaill, ansin íslítear é. Tosaíonn triúr leaideanna ag caint,* CONALL *ar dhuine acu.*)

LEAID 1: Tá cúpla bean bhreá anseo anocht, a leaideanna. B'fhéidir go ndéanfaimis an beart ar chuid acu má ritheann linn.

LEAID 2: Dá gcífeadh sibh an bhean a bhí agamsa aréir. Ní choimeádfadh Pamela Anderson coinneal di.

NA LEAIDEANNA: Mo ghrá go deo thú. Féar plé duit!

CONALL: Conas a mheall tú í in aon chor?

LEAID 2: Chuaigh mé sall chuici agus thug mé píosa fiche pingin di, agus dúirt mé léi, 'Úsáid é sin chun glaoch a chur ar do mháthair chun a rá léi nach mbeidh tú ag teacht abhaile in aon chor anocht.'

NA LEAIDEANNA (ag *gáire agus ag liúireach*): Ardfhear, níor chaill tú riamh é!

CONALL: Agus dhein sé sin an beart.

LEAID 2: Dhein, ambaiste. N'fheadar aon duine cad a fuair mé ón mbean sin aréir.

LEAID 1: Chuala mise istigh i mBeár an Choláiste inniu nach bhfuair tú faic uaithi ach buille doirn i ndroichead na sróna.

LEAID 2 (*neirbhíseach agus drochmhianach ag teacht air*): Dhera, ná bac tusa—níor mhór duitse bean a leagan amach le cloch chun teacht timpeall uirthi.

CONALL: Ambaiste féin, nílimse istigh liom féin in aon chor inniu. (*Ag cuimilt a bhoilg*) Dhein mé spraoi aréir agus nílim tagtha chugam féin go fóill.

LEAID 1: Ar ól tú puinn?

CONALL: Jesus, ní raibh an oiread sin agam in aon chor. Déarfainn go raibh seacht gcinn déag de phiontaí Guinness agam, cúig black Russian, sé vodca, agus dhá gin agus bitter. Sin uile, ní féidir liom a thuiscint conas go bhfuilim breoite inniu.

NA LEAIDEANNA: Iontas is ea é ceart go leor. Is deacair é a thuiscint.

LEAID 2: Is breá an ghabháil í sin thall. (*Ag síneadh méire i dtreo Mhairéad*)

NA LEAIDEANNA: Tá sí go deas ceart go leor.

LEAID 2: Dá mbeadh sí sin agamsa bhainfinn deatach aisti.

LEAID 1: Dhera, ní bhfaighfeása í sin in aon chor.

LEAID 2: Féach anois, a bhuachaill, is féidir liomsa aon bhean a theastaíonn uaim a fháil aon uair is maith liom—í sin san áireamh. (*Ag síneadh méire i dtreo Mhairéad*)

LEAID 1: Faigh anois í, mar sin.

CONALL: Is ea ambaiste, anois an t-am agat, beart de réir do bhriathair.

LEAID 2: Aáá (*neirbhíseach*) níl an t-am i gceart anois, caithfidh mé téamh suas.

CONALL: Jesus, a bhuachaill, ní ag dul ag imirt caide atá tú, téigh sall chuici—nó an amhlaidh atá eagla ort?

LEAID 2: Right, mar sin, féach air seo. B'fhéidir go bhfoghlaimeodh sibh rud éigin. (*Cóiríonn sé é féin agus siúlann sé sall chuig Mairéad agus Róisín, suíonn ar an tolg in aice leo.*) Ahem. Conas atá tú? Conall is ainm domsa agus . . . (*Tagann* MAIRÉAD *roimhe.*)

MAIRÉAD: Tá's agam cad a thug i leith tú agus níl aon suim agam ann ná ionat, dá bhrí sin is féidir leat dul ar ais go dtí na hainmhithe eile ansin thall.

(*Éiríonn* LEAID 2 *go mall agus siúlann sé ar ais go dtí na leaideanna go mall smaointeach.*)

LEAID 2: Hi, a leaideanna . . . Déarfainn go bhfuil an-seans agam léi!

LEAIDEANNA: Tá, tá.

(*Ardaítear an ceol agus íslítear arís é. Tosaíonn Gearóid agus cailín atá taobh leis ag caint. Fad a bhíonn siad ag caint tagann Cóilín sall chucu agus é ar meisce.*)

GEARÓID: An bhfuil an aiste sin críochnaithe fós agat?

CAILÍN: Tá sé beagnach críochnaithe agam, ach caithfidh mé an leabharliosta a scríobh.

Tógfaidh sé sin tamall mar tá an oiread sin leabhar léite agam faoin ábhar.

GEARÓID: Tá deich leathanach scríofa agam féin ar Socrates, bhí sé chomh suimiúil sin.

CÓILÍN (*ag teacht roimhe*): Socrates. B'in é an leaid a bhíodh ag imirt sacair do Bhrazil cúpla bliain ó shin. Ambaiste féin, bhí ceol ann!

GEARÓID (*an-ghoimh ag teacht air*): Ní hé, bhí Socrates ar dhuine de na fealsúnaithe ab fhearr dá raibh ann. An amhlaidh nach bhfuil aon eolas agat air?

CÓILÍN: Níl, an bhfuil sé ina chónaí anseo timpeall?

GEARÓID: Jesus, a Chóilín, tá sé marbh. (*An-ghoimh air*)

CÓILÍN: Óóó, tuigim . . . An bhfuil sibh ag dul ar a shochraid?

CAILÍN: Tá sé marbh leis na mílte bliain, a liúdramáin diabhail.

CÓILÍN (*an-ghoimh ag teacht air féin anois*): Má tá sé marbh leis na mílte bliain cad ina thaobh sa foc a bhfuil sibh fós ag caint air?

GEARÓID: Ní thuigfeá é . . . (*Ag caint leis an gcailín arís*) Ós ag caint ar Socrates muid, ar chuala tú go mbeidh léacht ann ar a shaol agus a shaothar an tseachtain seo chugainn.

CAILÍN: An mbeidh? Beidh sé sin sárshuimiúil. Caithfidh mé dul ann. An bhfuil tú féin ag dul ann?

GEARÓID: Táim, tá sé scríofa isteach i mo filofax cheana féin agam. Faoi mar a deir tú, beidh sé sárshuimiúil.

CÓILÍN (*an-searbhasach*): Ó, beidh sé go diail ar fad. B'fhearr liom a bheith ag féachaint ar Socrates a bhíodh ag imirt do Bhrazil. (*Casann sé timpeall go dtí an slua.*) Dhera, mallacht Dé oraibh! An bhfuil amhrán ag aon duine agaibh? (*Ag canadh go garbh, as tiúin*) 'Is é mo laoch mo ghile mear . . .'. (*Briseann an* SLUA *isteach.*)

SLUA: Éist, in ainm Dé! Éist—is go dtachta an diabhal tú!

GUTH: A Pháidí, cas amach amhrán . . .
(*Tosaíonn gach duine ag tathant ar Pháidí casadh. Faoi dheireadh, casann sé 'An Poc ar Buile.' Tosaíonn siad ag tathant ar dhuine de na cailíní canadh agus casann duine acu cúpla véarsa de 'Mo Ghile Mear.' Ansin siúlann bean ghalánta mheánaosta isteach.*)

BEAN GHALÁNTA: Excuse me, would you mind keeping the noise down—you can be heard all over the estate.

SLUA: Dhera, prioc leat! Fág an áit! Á, téigh in ainm an diabhail!
(*Labhraíonn* GEARÓID *agus déistin air.*)

GEARÓID: In ainm Dé, bíodh fios bhur mbéasaí agaibh. (*Ag caint leis an mbean*) Sorry about that, we will keep it down.

BEAN GHALÁNTA: You had better or I will be forced to call the Gardaí. (*Imíonn sí.*)

SLUA: Go n-imí an diabhal do bhóthar, imigh leat is ná tar arís!

(*Tagann* GEARÓID *ar ais ón doras tar éis an bhean a thionlacan amach.*)

FEAR (*ag stopadh Ghearóid*): An bhféadfá seasamh ansin dhá shoicind.

GEARÓID: Cad ina thaobh?

FEAR: Teastaíonn uaim cúpla fístéip anseo a ghoid agus ní theastaíonn uaim go gcífeadh muintir an tí mé. (*Leis sin, tógann sé na fístéipeanna agus ritheann an doras amach.*)

GEARÓID (*stangadh bainte as ar feadh soicind agus ansin téann sé sa tóir air*): Hóigh! Tar ar ais anseo!

LEAID 2 (*Ag caint le Leaid 1*): Jesus, ní fhéachann tusa rómhaith. An bhfuil tú ceart go leor?
(*Ní deir Leaid 1 faic ach ritheann sé go dtí an bosca bruscair agus caitheann sé amach.*)

LEAID 2/CONALL (*ag gáirí faoi*): Haa, ní féidir leat é a thógáil, ba cheart duit é a fhágáil againne seachas a bheith á chaitheamh isteach 'on bhosca bruscair.

LEAID 2: Déarfainn nach mbeidh an fear bocht seo in ann aon bhean a fháil dó féin anocht.

LEAID 1: Ambaiste féin go mbeidh mé, is deacair fear maith a choimeád síos.

CONALL: Seo chuige tú, mar sin. (*Caitheann sé siar an braon dá dheoch atá fágtha agus téann sé sall go dtí cailín duine de na peileadóirí.*)

LEAID 1 (*Ag tógáil amach píosa fiche pingin agus á thabhairt don chailín*): Seo duit.

CAILÍN: Cad chuige é sin?

LEAID 1: Úsáid é sin chun glaoch a chur ar do

mháthair chun a rá léi nach mbeidh tú ag teacht abhaile in aon chor anocht.

PEILEADÓIR: Féach anois, a bhuachaill, seachain tú féin, agus fan amach ó mo chailín, nó beidh tú ag piocadh suas do chuid fiacla le méara briste.

LEAID 1: Ceart go leor, ní raibh mé ach ag magadh. (*Iompaíonn sé timpeall chun dul ar ais go dtí a chairde agus ag imeacht dó beireann sé greim tóna ar an gcailín. Tugann an* PEILEADÓIR *faoi, ansin téann gach duine i muineál a chéile. Íslítear na soilse. Tar éis cúpla soicind ardaítear na soilse arís. Cuma na gaoithe ar an áit;* CÓILÍN *ag siúl timpeall ar meisce ag lorg dí; Conall suite ar an tolg;* MAIRÉAD *ag cuimilt tuáille dá éadan*)

CÓILÍN: N'fheadar an bhfuil aon deoch timpeall. Tá spalladh an bháis orm.

CONALL: Jesus, a Chóilín, tá an oiread ólta agatsa anocht is a choimeádfadh teach tábhairne sa tsiúl ar feadh seachtaine.

CÓILÍN: Ááá, mar sin féin, caithfear deireadh ceart a chur leis an bpeártaí. Bhí sé go diail ar fad, nach raibh?

CONALL: Go diail? Nach gcíonn tú an chuma atá ar an áit? Ba dhóigh le haon duine gur thit buama sa tigh nó rud éigin. Aaaaaa. (*Ag cur a láimhe ar a cheann*)

MAIRÉAD: Ó, tá brón orm. Ar ghortaigh mé tú? An bhfuil sé an-tinn?

CONALL: Tá sé tinn go maith ach déanfaidh mé an beart. (*Caitheann* CÓILÍN *a shúile go neamh.*)

MAIRÉAD: Á, mo ghraidhin tú! Nach diail an misneach a bhí agat agus tabhairt faoin achrann sin a réiteach.

CONALL (*an-sásta leis sin*): Dhera, ní faic é, bhí an t-ádh leo nár tháinig an ghoimh orm mar dá dtiocfadh bheadh clabhtáil cheart faighte acu.

CÓILÍN (*ag caitheamh a shúile go neamh*): Caithfeadsa imeacht agus deoch a fháil in áit éigin.

CONALL (*iontas air*): In ainm Dé, a Chóilín, cá bhfaighidh tú deoch an t-am seo den oíche?

CÓILÍN: Tá a shlite féin ag Cóilín. (*Ag cur a mhéire ar a shrón*) Ná cuir aon cheist air agus ní déarfaidh sé aon bhréag leat. (*Imíonn sé.*)

CONALL (*ag casadh timpeall go hiomlán i dtreo* MHAIRÉAD *agus ag bogadh níos cóngaraí di*): B'ainnis an íde béil a thug tú don fhear sin anocht.

MAIRÉAD (*náire uirthi*): Ó, an bhfaca tú é sin?

CONALL: B'amhlaidh nach raibh sé dathúil a dhóthain duit?

MAIRÉAD: Bhí, is dócha, ach tá suim agam i nduine éigin eile.

CONALL: Cé hé sin? (*An bheirt acu ag féachaint cruinn díreach ar a chéile, gealgháireach ach ansin dáiríre, tosaíonn siad ag pógadh a chéile.*)

MAIRÉAD (*tar éis tamaill*): An dóigh leat go mbeimis níos compordaí i do sheomra.

(*Éiríonn an bheirt acu agus siúlann i dtreo an tseomra. Tagann* CÓILÍN *ar ais le buidéal fuisce agus é ag amhrán. Stopann an amhránaíocht nuair a chíonn sé nach bhfuil Conall timpeall.*)

CÓILÍN: A Chonaill, cá bhfuil tú imithe? Ní féidir liom dul ag ól liom féin. (*Téann sé sall go dtí doras sheomra Chonaill, agus féachann isteach. Tagann sé amach agus aoibh an iontais ar a aghaidh. Téann sé isteach arís, agus tagann sé amach leis an aoibh chéanna ar a aghaidh. Téann sé sall go dtí an bosca bruscair agus caitheann sé an buidéal fuisce isteach ann.*)

CÓILÍN: Táim ag ól an iomad den stuif sin. (*Téann sé sall go dtí an tolg agus suíonn sé síos. Is gearr go dtiteann a chodladh air.*)
(*Íslítear na soilse agus ardaítear arís iad. An mhaidin dár gcionn atá ann.* CÓILÍN *fós ina chodladh, é ag srannadh. Tagann* GEARÓID *amach. Níl cuma rómhaith air.*)

GEARÓID: A Chóilín, an bhfuil aon pharacetamol sa tigh? Tá mo cheann ina chíor thuathail.
(*Ní dhúisíonn Cóilín.*)

GEARÓID (*á chroitheadh*): Dúisigh, a Chóilín.
(*Gan aon bhogadh as Cóilín. Faigheann* GEARÓID *gloine uisce agus caitheann sé ar Chóilín í.*)

CÓILÍN: Áááá, a Chríost.

GEARÓID: An bhfuil aon pharacetamol sa tigh?

CÓILÍN: Á, téigh in ainm an diabhail, tú féin is do pharacetamol.

GEARÓID: Mhuise, ní fhaca riamh tú. (*Téann sé féin ag cuardach agus faigheann sé iad.*)

CÓILÍN   (*ag éirí in airde ina shuíochán*): An bhféadfá ceann a thabhairt chugamsa chomh maith . . .

Ní foláir nó go raibh oíche an-mhaith agatsa
aréir má tá tú ag lorg paracetamol do do
cheann tinn inniu.

GEARÓID: Níos measa ná sin, tá léacht caillte agam.
(*Cuma shuaite air*)

CÓILÍN (*searbhasach*): Scannalach! Scannalach!
(*Tógann an bheirt acu piolla le braon uisce.*)
(*Tagann Róisín isteach.*)

RÓISÍN: Ó, go sábhála Dia sinn, tá an áit seo ina cocstí
ar fad!

GEARÓID: Caithfidh an áit fanacht mar atá go fóill, go
dtí go dtiocfaidh mé chugam féin.

RÓISÍN: Bhí an-oíche ag Conall is Mairéad aréir,
dealraíonn sé. Níor dhein mé aon néal
codlata acu.

GEARÓID: Cad ina thaobh?

RÓISÍN: Féach isteach i seomra Chonaill.
(*Éiríonn* GEARÓID *agus féachann isteach i seomra
Chonaill.*)

GEARÓID (*an-iontas air*): Go sábhála Dia mé.

CÓILÍN: Cad é? (*Ritheann sé féin sall agus féachann
isteach trí pholl na heochrach. Tosaíonn sé ag
gáire.*) Ardfhear, a Chonaill, níor chaill tú
riamh é. (*Téann sé féin agus Gearóid sall go dtí
an tolg agus suíonn siad síos, Cóilín fós ag gáire.
Cuireann sé amach a lámh agus tugann Gearóid
nóta cúig phunt dó.*)

RÓISÍN: Á, a leaideanna, ní raibh sibh ag cur airgid air!

CÓILÍN: Is mó slí atá ann chun pingin a dhéanamh.
(*Ansin tagann aoibh smaointeach ar Chóilín.*) A

ha, tá sé agam anois . . . ní raibh speabhraídí orm. (*Éiríonn sé, téann sall go dtí an bosca bruscair agus tógann amach an buidéal fuisce.*) Ní theastaíonn uaim é a chur amú.

(*An bheirt eile ag féachaint air le hiontas*)

RÓISÍN: Jesus, a leaideanna, caithfidh mé an doras a oscailt. Tá boladh diamhair anseo istigh. (*Téann sí sall agus osclaíonn sí an doras. Tagann sí ar ais agus í ag gáire.*) Ní foláir nó go raibh mo dhóthain le hól agamsa aréir chomh maith libhse.

CÓILÍN: Cad ina thaobh é sin?

RÓISÍN: Mar ag féachaint amach an doras ansin cheap mé go bhfaca mé d'athair agus do mháthair ag siúl suas an bóthar.

(*Tosaíonn an triúr acu ag gáire.*)

RÓISÍN: Cuimhnigh air sin.

(RÓISÍN *ag gáire. Ansin stopann* CÓILÍN *ag gáire agus féachann go dáiríre ar an mbeirt eile. Stopann siadsan ag gáire ansin. Éiríonn* CÓILÍN *agus imíonn sé i dtreo an dorais. Féachann amach faoi dhó.*)

CÓILÍN: Is iad atá ann. (*Tosaíonn an triúr acu ag rith timpeall agus ag glanadh na háite. Cuma scanraithe orthu ar fad. Tagann cnag ar an doras.*)

CÓILÍN: Tar isteach.

(*Tagann seanfhear agus seanbhean isteach, cuma na tuaithe orthu. Buataisí, caipín agus casóg mhór ar an bhfear agus scaif, seanmhála agus casóg ar an mbean*) Dia duit, a Mham, bheir tú

orainn díreach in am. Bhíomar díreach
meáite imeacht isteach 'on choláiste.

MÁTHAIR: Dia is Muire daoibh ar fad.

CÓILÍN: Is é seo Gearóid, duine de na leaideanna atá sa
tigh, agus seo í Róisín. Bhuail sibh léi cheana.

MÁTHAIR: Conas atá sibh?

RÓISÍN/GEARÓID (*neirbhíseach agus cúthaileach*): Go
maith, go maith.

MÁTHAIR: Cheap mé go raibh beirt eile sa tigh in bhur
dteannta chomh maith.

CÓILÍN: Tá siad istigh sa seomra.

MÁTHAIR: Ba cheart dom dul isteach chucu chun heileo
a rá leo.

GEARÓID/RÓISÍN/CÓILÍN (*ag rith go dtí an doras agus ag
seasamh os a chomhair go han-neirbhíseach*): Ná
bac leis, ná bac leis.

CÓILÍN: Tá siad ag staidéar agus ní thaitníonn sé leo
nuair a chuirtear isteach orthu.

MÁTHAIR: Ag staidéar le chéile!!!

CÓILÍN (*diabhlaíocht ina chuid cainte*): Don rud atá
siadsan ag déanamh teastaíonn beirt chuige.

MÁTHAIR: Ceart go leor.

CÓILÍN (*ag iarraidh ábhar nua a tharraingt anuas*):
Conas tá gach aon duine ag baile?

MÁTHAIR: Dhera, mar an gcéanna . . . Ó, cailleadh Micí
Tom Shéamais Mhaidhc Pháidí.

CÓILÍN: Ó, ar cailleadh? Is mór an trua é sin. (*Ag
smaoineamh ar feadh cúpla soicind*) Cé hé Micí
Tom Shéamais Mhaidhc Pháidí?

MÁTHAIR: An amhlaidh nach bhfuil aon aithne agat air?

Tá gaol éigin ag Pádraig leis. Nach bhfuil, a
Phádraig?

PÁDRAIG: Há!

MÁTHAIR (*ag labhairt go hard*): Mínigh do Chóilín cé hé
Micí Tom Shéamais Mhaidhc Pháidí.

PÁDRAIG (*le Cóilín*): An bhfuil aithne agat ar mhac
iníne Phádraig Sheáin Ned?

CÓILÍN (*ag smaoineamh*): Tá, yeah.

PÁDRAIG: Bhuel, ní hin é in aon chor é . . . col ceathar
leis sin is ea é.

CÓILÍN: Ó, right, déarfainn nach bhfuil aon aithne
agam air.

MÁTHAIR: Tá cuma thraochta ort, a Phádraig. Suigh síos
ansin agus lig do scíth. Déanfaidh mise braon
tae duit. (*Bíonn a dhóthain cúraim air suí.*) Tá
sé marbh leis an seandiabhal airtríteas. An
bhfuil tú ceart go leor anois, a Phádraig?

PÁDRAIG: Táim, táim.

MÁTHAIR: Dhera, mo ghraidhin tú, ní bheidh mé i
bhfad leis an tae.

CÓILÍN: Aon scéal, a Dhaid?

PÁDRAIG: Níl faic . . . ach mastitis a bheith ar cheann de
na ba.

CÓILÍN: Ó, ab ea?

MÁTHAIR: Cá bhfuil na mugaí anseo?

CÓILÍN: Ó, geobhaidh mise duit iad, a Mham.
(*Tosaíonn* RÓISÍN *ag tathant ar Ghearóid dul
chun cainte le Pádraig.*)

GEARÓID: Tá brón orm, cén t-ainm atá ort arís? Tá sé
dearmadta agam.

PÁDRAIG: Há?

GEARÓID (*níos airde*): Cén t-ainm atá ort.

PÁDRAIG: Pádraig.

GEARÓID: Agus cén t-ainm atá ar do bhean?

PÁDRAIG (*iontas air*): Mo van! . . . Fan bog go
gcuimhneoidh mé . . . mo van . . . Á, tá sé
agam. Hiace 89 G 736.

GEARÓID: No, no, do bhean chéile.

PÁDRAIG: Ó, Cáit.

> (*Imíonn* GEARÓID *leis ag croitheadh a chinn.
> Bíonn Gearóid, Róisín, agus Cóilín ag seasamh
> cois an bhoird ag caint go híseal le chéile agus ag
> caitheamh sracfhéachaintí i dtreo sheomra
> Chonaill.*)

MÁTHAIR: Cén chogarnaíl atá agaibhse?

CÓILÍN: Faic, faic in aon chor.

> (*Tosaíonn Pádraig ag corraí go míchompordach ar
> an tolg, cuireann sé a láimh síos faoi agus tógann
> sé amach rud éigin, cad a bheadh ann ach bra.*)

PÁDRAIG: A Cháit, a Cháit!

MÁTHAIR: Cad é, a Phádraig? (*Chíonn sí cad tá ina láimh
aige.*) Go sábhála Dia sinn, cá bhfuair tú é sin
nó cé leis é?

RÓISÍN: Is liomsa é.

MÁTHAIR: Agus cad a bhí sé ag déanamh ansin, in ainm
Dé?

RÓISÍN (*ag cumadh*): Bhuel, an rud a tharla . . . ná . . .
fágaim ansin é ionas go suífidh daoine anuas
air agus nach mbeidh orm é a iarnáil.

MÁTHAIR: Féachann sé saghas mór duit.

RÓISÍN (*conach uirthi ach ní theastaíonn uaithi faic a rá*):

Caitheann siad mór iad na laethanta seo.

MÁTHAIR: Hmmm. (*Casann sí chuig Pádraig.*) An bhfuil tú ceart go leor ansin, a chroí? Beidh an tae chugat de gheit. (*Bailíonn sí léi ag déanamh an tae. Faoiseamh le feiceáil ar aghaidheanna na coda eile. Tosaíonn PÁDRAIG ag brú na gcnaipí ar an teilifís agus ar an vidió. De thimpiste tosaíonn an scannán gorm a raibh Gearóid ag féachaint air níos luaithe. Bíonn sé ag claonadh a chinn an tslí chéanna. Tá na glórtha céanna le cloisteáil.*)

MÁTHAIR: Cad air a bhfuil tú ag féachaint, a Phádraig?

PÁDRAIG: N'fheadar, ach pé rud é, tá sé go diail. (*Chíonn an chuid eile cad air a bhfuil sé ag féachaint.*)

GEARÓID: Níl ann ach cluiche caide.

MÁTHAIR (*ag fáil sracfhéachana air sula múchann* GEARÓID *é*): Go sábhála Dia sinn ó gach olc . . . ní fhaca riamh i mo shaol cluiche caide mar sin. (*Tagann* CONALL *agus* MAIRÉAD *amach as an seomra, iad leathnocht agus a lámha timpeall a chéile acu.*)

MÁTHAIR (*ag béicíl*): A Chóilín!!!

DORCHADAS

Radharc a Trí

Cóilín, Gearóid, Conall agus Róisín ag féachaint ar an teilifís.
Tagann MAIRÉAD *isteach agus cuma an-suaite uirthi.*

MAIRÉAD: A Chonaill, an bhféadfainn labhairt leat dhá
shoicind.

CONALL: Fan inti dhá shoicind, go dtí go mbeidh an
scannán seo críochnaithe. Beidh mé chugat
ansin. (*Ní fhéachann seisean ná aon duine eile
uirthi.*)

MAIRÉAD: Tá sé práinneach.

CONALL: Cad tá ort?

MAIRÉAD (*go ciúin*): Táim déanach.

CONALL (*ag féachaint ar a uaireadóir*): B'fhearr duit
brostú ort, mar sin.

MAIRÉAD: Ní thuigeann tú. Táim ag gabháil aniar.

CONALL (*cancrach toisc go bhfuil sí ag cur isteach air*):
Jesus, cá bhfuil tú ag dul?

MAIRÉAD (*deireadh a cuid foighne sroichte aici*): Jesus
Christ, a Chonaill, táim pregnant.
(*Féachann gach duine uirthi den chéad uair.
Féachann* GEARÓID, RÓISÍN, *agus* CÓILÍN *ar a
chéile. Iontas an domhain orthu. Ansin de gheit
éiríonn siad in éineacht agus ritheann siad
amach an doras ag déanamh leithscéalta.*)

GEARÓID: Caithfidh mise staidéar a dhéanamh.

CÓILÍN: Caithfidh mise buaileadh le duine éigin sa
phub.

RÓISÍN: Tá siopadóireacht le déanamh agam.
            (*Imíonn an triúr acu. Conall fós suite ina staic.*)

CONALL: Cad dúirt tú?

MAIRÉAD: Táim ag gabháil aniar.

CONALL: Conas a tharla sé sin?

MAIRÉAD (*ag féachaint air*): Conas is dóigh leat?

CONALL: Tá brón orm. Droch-cheist . . . Cad tá tú chun
            a dhéanamh?

MAIRÉAD: N'fheadar, is dócha go gcaithfidh mé
            ginmhilleadh a fháil.

CONALL   (*iontas air*): Ní féidir leat é sin a dhéanamh.

MAIRÉAD: Cad ina thaobh? Pé scéal é níl an dara rogha
            agam—ní féidir liom dul abhaile mar seo.

CONALL: Sin leanbh atá tú ag marú . . . ár leanbh. Ní
            féidir leat é sin a dhéanamh.

MAIRÉAD: Tá's agam é sin. (*Goimh ag teacht uirthi*) Ach
            is mise a chaithfidh é a iompar ar feadh naoi
            mí. Is mise a chaithfidh cur suas leis an
            náire, leis an gcúlchaint, leis na féachaintí
            tarcaisneacha. Daoine go deas leat os do
            chomhair amach ach ag caitheamh anuas ort
            taobh thiar de do dhroim.

CONALL: Á, a Mhairéad, ní bheidh sé chomh holc sin.
            Níl tú ach á rá sin anois toisc go bhfuil gach
            aon ní sa mhullach ort. Bhí Éire mar sin
            tamall ach níl sí amhlaidh a thuilleadh.

MAIRÉAD: B'fhéidir go bhfuil rudaí athraithe, a Chonaill,
            ach níl rudaí athraithe chomh mór sin.

CONALL   (*ag breith greim láimhe uirthi*): Tabharfaidh
            mise gach cabhair agus cúnamh is féidir duit.

MAIRÉAD (*goimh uirthi, ag tarraingt a láimhe ar ais go tapa*): Tusa ab ea a rachaidh tríd an bpian ar fad? An tusa a dhéanfaidh an rud a iompar ar feadh naoi mí agus bolg mór ort agus tú fásta amach as gach aon phioc éadaigh atá agat.

CONALL (*goimh air*): Ciallaíonn sé sin go bhfuil tú chun deireadh a chur leis. Cruthaíodh fadhb agus dá bhrí sin caithfear deireadh tapa, éifeachtach a chur leis.

MAIRÉAD: Ná déan é seo níos deacra ná mar atá sé. Christ, a Chonaill, nílim ach dhá bhliain is fiche, táim ró-óg chun leanbh a bheith agam. Chomh maith leis sin, má choimeádaim é nó í, cad a dhéanfaidh mé ansin? Ní bheadh sé praiticiúil an leanbh a choimeád. Chaithfinn é nó í a thabhairt uaim.

CONALL (*an ceann caillte ar fad aige*): Is dócha má theastaíonn uait ginmhilleadh a fháil nach bhfuil faic is féidir liomsa a dhéanamh mar gheall air. Ach tá rud amháin ann ba dheas liom a mheabhrú duit sula ndéanfaidh tú faic. Sin nach rud atá istigh ionat. Is leanbh atá istigh ionat agus níor cheart don leanbh sin a bheith thíos le haon bhotún a dheineamarna, is cuma cad a chaithfidh mise agus tusa a dhéanamh nó cén rud a gcaithfimid cur suas leis. (*Imíonn sé amach.*)

(*Fanann Mairéad ansin agus tosaíonn sí ag gol. Múchtar na soilse, lastar na soilse sa chúinne ag an mbeár. Tagann* CONALL *amach.*)

CONALL: Ní fhaca mé Mairéad ó shin, d'éirigh sí go luath an mhaidin dár gcionn agus bhailigh sí léi . . . N'fheadar an raibh ginmhilleadh aici fiú. Is minic a chuimhním uirthi . . . agus ar mo leanbh má tá ceann agam. Cá bhfuil siad? Cad tá siad ag déanamh . . ? Bhuel, sin é mar a bhíonn againn: deoch, drugaí, mná, bithiúntaíocht agus sinn i gcónaí ag iarraidh an dallamullóg a chur ar ár dtuismitheoirí. Mar sin féin, éiríonn rudaí níos ciúine aimsir na scrúduithe. (*Imíonn sé isteach ar an ardán agus suíonn ar an tolg le leabhar.*)

(*Tagann* CÓILÍN *isteach agus é lúbtha chun na talún le leabhair.*)

CONALL (*ag magadh*): Bhuel, sin rud nach bhfuil feicthe fós i mbliana agam! Cóilín agus leabhar i ngiorracht scread asail dá chéile.

CÓILÍN (*lándáiríre*): Ná bí ag magadh in aon chor, a Ghearóid. Táim ullamh mo dhóthain do na scrúduithe. Níl le déanamh agam ach an dá leabhar seo a léamh, plean dhá aiste a dhéanamh amach agus a fhoghlaim de ghlanmheabhair.

GEARÓID: Cathain a bheidh an scrúdú agat?

CÓILÍN: Amárach.

GEARÓID (*ag magadh*): Ó, tá neart ama agat, mar sin. Tá sé in am do bhraon tae.

CÓILÍN (*dáiríre*): Is dócha go bhfuil. (*Éiríonn sé agus tosaíonn sé ag déanamh an tae.*) A Róisín, an bhfuil tae uait?

RÓISÍN   (*ag teacht amach*): Tá. (*Suíonn siad ar fad seachas Conall chun boird.*) Conas a dhein tú sa scrúdú inniu, a Chóilín?

CÓILÍN: Níor dhein mé rómhaith, mhuise.

RÓISÍN   Cad ina thaobh? Cad a d'imigh ort? An amhlaidh nach raibh an dá cheist a bhí ullmhaithe agat ar an bpáipéar?

CÓILÍN: Ó, bhí, ach dhein mé dearmad go mbíonn ort cúig cheist a fhreagairt ar fad.

GEARÓID: Dá mbeadh do chuid oibre déanta i gceart agat, ní bheadh sé sin imithe ort in aon chor.

RÓISÍN: Cad mar gheall ortsa, a Ghearóid. Conas a bhí do scrúdúsa?

GEARÓID: Ó, go diail. Ba cheart go bhfaighinn 'A' mar is gnáth! Tá an páipéar ansin má theastaíonn uait féachaint air. (*Féachann sí air.*)

RÓISÍN: Tá cuid de seo déanta agamsa, cad a dhein tú i Roinn C?

GEARÓID: Roinn C? Ní raibh aon Roinn C ann. Roinn A agus B. Sin uile.

RÓISÍN: Tá Roinn C ann. Féach ansin é!

GEARÓID   (*ag tógáil an pháipéir uaithi agus ag féachaint air*): Ó no, dhein mé dearmad an páipéar a chasadh timpeall. Sin 33% caillte cheana féin agam.

CÓILÍN   (*ag gáire*): Sin deireadh le do 'A', ach go háirithe.

GEARÓID: Go raibh míle maith agat, a Chóilín. Tuisceanach, mar is gnáth.

RÓISÍN: Ná héisteodh sibh. (*Drochmhianach tagtha uirthi*)

GEARÓID: Cad tá ortsa?

CÓILÍN (*i gcogar le Conall*): An t-am sin den mhí arís is dócha.

RÓISÍN (*ag éirí agus ag fágáil an tseomra*): Fir!!

AN CHUID EILE (*ag déanamh aithrise uirthi*): Fir!!

MÚCHTAR NA SOILSE

Radharc a Ceathair

Lastar na soilse. Conall agus Róisín ar an ardán. Gach rud imithe. Níl fágtha ach an bord, cathaoireacha srl. Is léir go bhfuil siad ag fágáil an tí.

RÓISÍN: Tá gach rud againn, déarfainn. An bhfuil?

CONALL: Tá, déarfainn . . . Is mó oíche sheoigh atá feicthe ag an áit seo, a Róisín.

RÓISÍN: Dá mbeadh caint ag an mballa sin, bheadh scéalta aige.

CONALL: Dá mbeadh caint ag an urlár ní bheadh bun ná barr lena chuid cainte mar bheadh sé ar meisce leis an oiread dí a dhoirt Cóilín anuas air i rith na bliana. (*Ciúnas ar feadh tamaill*)

RÓISÍN: Ar chuala tú faic ó Mhairéad?

CONALL (*cuma bhrónach air*): Faic—litir, glaoch gutháin ná faic.

RÓISÍN: Ná bac sin, cuirfidh sí glaoch ort nuair a thiocfaidh sí chuici féin. (*Ciúnas*)

CONALL: Nach ait an mac an ollscoil seo, a Róisín?

RÓISÍN: Conas?

CONALL: Dhera, gan ar intinn ag gach duine ach léachtaí, leabhair, scrúduithe, aistí agus a leithéid. Sinn ar fad sa saol beag cúng seo deighilte amach ón saol réalaíoch. Briseann gach duine againn ár gcroí chun teacht isteach anseo agus fágaimid é cúpla bliain ina dhiaidh sin an tslí chéanna is a thángamar isteach ach go mbíonn píosa páipéir againn lenár n-ainm scríofa air. (*Cloistear adharc gluaisteáin.*)

RÓISÍN: Saol eile is ea é, ceart go leor. Seo, caithfimid imeacht. Tá an tacsaí amuigh ag fanacht linn. (*Imíonn sí.*)

(*Tógann* CONALL *a chóta agus cuireann air é, piocann suas a mhála. Siúlann sé i dtreo an dorais.*)

CONALL: (*ag casadh thart*): Is ait an mac an saol eile.

CRÍOCH